本书得到中国青年政治学院出版基金资助

中/青/文/库

主体性存在与意义的生成

——教师职业生活的意义感缺失研究

王丽娟 著

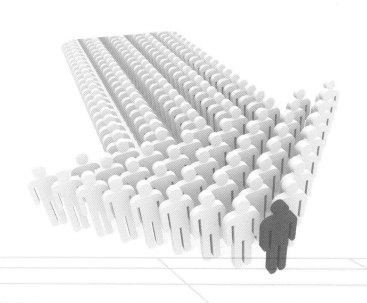

中国社会科学出版社

图书在版编目（CIP）数据

主体性存在与意义的生成：教师职业生活的意义感缺失研究／王丽娟著．
—北京：中国社会科学出版社，2018.6
ISBN 978 - 7 - 5203 - 2442 - 7

Ⅰ．①主…　Ⅱ．①王…　Ⅲ．①教师—职业—研究
Ⅳ．①G451

中国版本图书馆 CIP 数据核字（2018）第 091084 号

出 版 人　赵剑英
责任编辑　李炳青
责任校对　夏慧萍
责任印制　李寡寡

出　　　版　中国社会科学出版社
社　　　址　北京鼓楼西大街甲 158 号
邮　　　编　100720
网　　　址　http://www.csspw.cn
发 行 部　010 - 84083685
门 市 部　010 - 84029450
经　　　销　新华书店及其他书店

印刷装订　北京明恒达印务有限公司
版　　　次　2018 年 6 月第 1 版
印　　　次　2018 年 6 月第 1 次印刷

开　　　本　710×1000　1/16
印　　　张　11
字　　　数　181 千字
定　　　价　58.00 元

《中青文库》编辑说明

　　《中青文库》，是由中国青年政治学院着力打造的学术著作出版品牌。

　　中国青年政治学院的前身是1948年9月成立的中国共产主义青年团中央团校（简称中央团校）。为加速团干部队伍革命化、年轻化、知识化、专业化建设，提高青少年工作水平，为党培养更多的后备干部和思想政治工作专门人才，在党中央的关怀和支持下，1985年9月，国家批准成立中国青年政治学院，同时继续保留中央团校的校名，承担普通高等教育与共青团干部教育培训的双重职能。学校自成立以来，坚持"实事求是，朝气蓬勃"的优良传统和作风，坚持"质量立校、特色兴校"的办学思想，不断开拓创新，教育质量和办学水平不断提高，为国家经济、社会发展和共青团事业培养了大批高素质人才。目前，学校是由教育部和共青团中央共建的高等学校，也是共青团中央直属的唯一一所普通高等学校。学校还是教育部批准的国家大学生文化素质教育基地、全国高校创业教育实践基地，是首批"青年马克思主义者培养工程"全国研究培训基地、首批全国注册志愿者培训示范基地，是中华全国青年联合会和国际劳工组织命名的大学生KAB创业教育基地，是民政部批准的首批社会工作人才培训基地，与中央编译局共建青年政治人才培养研究基地，与国家图书馆共建国家图书馆团中央分馆，与北京市共建社会工作人才发展研究院和青少年生命教育基地。2006年接受教育部本科教学工作水平评估，评估结论为"优秀"。2012年获批为首批卓越法律人才教育培养基地。2015年中宣部批准的共青团中央中国特色社会主义理论体系研究中心落户学校。学校已建立起包括本科教育、研究生教育、留学生教育、继续教育和团干部培训等在内的多形式、多层次的教育格局。设有中国马克思主义学院、青少年工作系、社会工作学院、法学院、经济管理学院、新闻传播学院、公共管理系、中国语言文学系、外国语言文学系等 9 个教学院系，文化基础部、外语教学研究中心、计算机教学与应用中心、体育教学中心等 4 个教学中心（部），中央团校教育培训学院、继续教育学院、国际教育交流学院等 3 个教育培训机构。

学校现有专业以人文社会科学为主，涵盖哲学、经济学、法学、文学、管理学、教育学 6 个学科门类，拥有哲学、应用经济学、法学、社会学、马克思主义理论、新闻传播学等 6 个一级学科硕士授权点、1 个二级学科授权点和 3 个类别的专业型硕士授权点。设有马克思主义哲学、马克思主义基本原理、外国哲学、思想政治教育、青年与国际政治、少年儿童与思想意识教育、刑法学、经济法学、诉讼法学、民商法学、国际法学、社会学、世界经济、金融学、数量经济学、新闻学、传播学、文化哲学、社会管理等 19 个学术型硕士学位专业，法律（法学）、法律（非法学）、教育管理、学科教学（思政）、社会工作等 5 个专业型硕士学位专业。设有思想政治教育、法学、社会工作、劳动与社会保障、社会学、经济学、财务管理、国际经济与贸易、新闻学、广播电视学、政治学与行政学、行政管理、汉语言文学和英语等 14 个学士学位专业，，其中思想政治教育、法学、社会工作、政治学与行政学为教育部特色专业；同时设有中国马克思主义研究中心、青少年研究院、共青团工作理论研究院、新农村发展研究院、中国志愿服务信息资料研究中心、青少年研究信息资料中心等科研机构。

在学校的跨越式发展中，科研工作一直作为体现学校质量和特色的重要内容而被予以高度重视。2002 年，学校制定了教师学术著作出版基金资助条例，旨在鼓励教师的个性化研究与著述，更期之以兼具人文精神与思想智慧的精品的涌现。出版基金创设之初，有学术丛书和学术译丛两个系列，意在开掘本校资源与迻译域外菁华。随着年轻教师的增加和学校科研支持力度的加大，2007 年又增设了博士论文文库系列，用以鼓励新人，成就学术。三个系列共同构成了对教师学术研究成果的多层次支持体系。

十几年来，学校共资助教师出版学术著作百余部，内容涉及哲学、政治学、法学、社会学、经济学、文学艺术、历史学、管理学、新闻与传播等学科。学校资助出版的初具规模，激励了教师的科研热情，活跃了校内的学术气氛，也获得了很好的社会影响。在特色化办学愈益成为当下各高校发展之路的共识中，2010 年，校学术委员会将遴选出的一批学术著作，辑为《中青文库》，予以资助出版。《中青文库》第一批（15 本）、第二批（6 本）、第三批（6 本）、第四批（10 本）、第五批（13 本）、第六批（9 本）陆续出版后，有效展示了学校的科研水平和实力，在学术界和社会上产生了很好的反响。本辑作为第七批共推出 5 本著作，并希冀通过这项工作的陆续展开而更加突出学校特色，形成自身的学术风格与学术品牌。

在《中青文库》的编辑、审校过程中，中国社会科学出版社的编辑人员认真负责，用力颇勤，在此一并予以感谢！

目　　录

序　言

"十年树木，百年树人"，一句谚语反映了人们对教育的期待。对教育的期待，直接体现在对教师的期待上。对于教育的发展来说，教师无疑是关键的力量。教育改革能否实现改革的目标，实现促进青少年的全面发展，在笔者看来，关键的力量在教师个体。本书试图从教师个体的学校生活入手，探求提高教师参与教育改革、主动提高教学技能的内在动力的策略，甚至寻找帮助教师个体平稳度过职业倦怠期的策略。这是本书的基本设想。

基于博士论文，在中国青年政治学院博士论文出版资金的资助下，笔者的博士论文得以付梓。特此感谢。同时，也非常遗憾，论文研究还有很多需要修订之处。

近年来，诸多研究都着力于在学校教育事业发展中出现的教师动力不足现象，不少学者开始从个体主体性发挥的视角探讨这一现象。本书认为，动力不足的根本原因在于教师个体的主体性在其职业生活中生成的意义感出现了严重缺失。

综合众多学者对"意义"和意义感的相关论述，本书将教师个体职业生活意义感生成的重要条件确定为三点：教师的主体性具有一定的存在空间；学校存在教师个体践行主体性的路径；教师个体的主体性价值有获得认可的可能。本书将其称为个体主体性的存在空间、践行空间和价值空间。

为了更好地结合学校生活的实际，笔者在何艳梅老师的帮助下，前往 Z 小学进行观察、访谈和问卷调查，结合所收集的一手资料，本研究从以下几个方面展开分析。

首先，许多教师对其主体性缺失应有自觉，个体表现出明显的依附特点。学校的科层制性质决定了学校资源的分配、分流方式，也就决定了学校权力网络的基本模式。教师个体对学校组织的依附在事实上解构了教师个体主体性的存在空间。

其次，学校的制度设计常常忽略了教师主体性实践的空间。具体分析学校的规章制度和资源分配的方式，能够看到这些权力关系网络拥有操纵教师个体实践的力量，造成规训的事实，从而造成了教师个体实践空间的消解。

最后，教师个体实践主体性的活动及其价值并不被学校制度所认可。"学校权力网络"通过构建"评价标准"的方式界定了教师个体主体性的价值。学校在绩效工资评定、职称评定和晋升考量等方面的设计贬低了教师的个人教学经验，操纵了主体性的发挥。

基于上述分析，由于教师个体的主体性自身、主体性的践行以及主体性实践的价值认可均在一定程度上受到当前学校组织知识和权力交互网络的束缚，造成无处不在的"规训"，最终带来教师个体在其职业生活中意义感的流失。因此，消解知识与权力结合为一体的学校权力网络是改变现状的根本。可以通过分权、分流的方式，消减科层化、规范化、标准化的影响，给予教师主体性一定的空间，利于职业生活意义感的生成。

第一章 问题的提出

第一节 "动力"不足

笔者是一名普通的教师,从教九年,常常回想自己的教学生涯:在逐渐熟练了教学工作之后,似乎开始不再关注持续提高教学质量,对待学生的态度也慢慢趋于"平静"。坦率地说,工作越久,越显得"麻木"。这些变化是在笔者的职业生涯中逐渐发生的,并没有刻意地选择。失去投入教学、投入工作的热情和积极性,这种状态就是"动力不足"。对于自己的动力不足现象,目前的研究没有提供一个可以帮笔者理解自己、激发自己的解决方案。这引起了笔者的研究兴趣。

从更大视野看,近年来教育改革在各个国家如火如荼地深入展开,教师专业成长的研究和实践也在这一过程中深入开展。不少学者注意到,随着教育改革的展开,产生了不少针对一线教师的责难。例如,教师的教学水平没有能够与时代变化相适应,教学效果差;教师对学生成绩的过多关注以及对学生个性心理发展的忽略;教师没有积极投入教育改革,其教学科研水平发展缓慢,等等。在笔者看来,这些现象均与教师职业动力不足密切相关。

例如,借由学者们的研究和法律法规建设,教师职业逐渐明确为专业职业,教师作为专业人员的社会地位通过法律法规[①]的形式得以明确。学校教师在法律身份上成为"专业人员",拥有了专业自主性,但在实践教学生活层面,专业的选择、专业自主性、专业自由等并不能够顺理成章地实现,人们期待的"教师专业发展、教育质量大跨度提高"等结果并没有"如期而至"。事实上,一线教师们依旧按照原来的教学

[①] 《中华人民共和国教师法》(中华人民共和国主席令第 15 号)。

习惯从事教学活动。可悲的是：理论界、教育行政部门对教师专业发展的努力对不少教师而言，只是又多开几次会议、又多写几份报告、又多了几项教学常规。如何促进一线教师的专业自主性和专业创造性的问题，其实也是激发教师内在动力的问题。

再如，不少调查表明，在我国中小学超过一半的教师常常感到来自职业的巨大压力，① 这些压力长期累积，容易导致教师身心疲惫、沮丧、压抑，甚至对生活和工作悲观、冷漠，最终形成"职业倦怠"。教师职业倦怠的主要表现是缺少活力，没有工作热情，感到自己的感情处于极度疲劳的衰竭状态；刻意在自身和工作对象间保持距离，对工作对象和环境采取冷漠、忽视的态度，对工作敷衍了事；常常体验到无力感或是倾向于消极地评价自己，甚至认为工作不能发挥自身才能，等等。② 这些情绪衰竭、人格解体以及成就感低落的职业倦怠表现，同样也是动力不足的主要表现。

笔者在一次座谈会上遇到一位江苏某地初中学校的副校长，这位副校长真诚地询问：如何才能提高她所在学校的教师们的工作积极性。如她所说，不少教师之所以选择做教师，有一个重要的原因就是学校的教学工作比较稳定。但稳定的工作环境很容易使人懈怠，尤其是当进入职业几年之后，教师已能熟练掌握教学技能，同时个体往往进入较为稳定的家庭生活，于是将更多精力放在经营自己的小家庭上，而非学校活动。这位校长说，学校里面没有几个老师在"做事"，也就是真正从事教育的事业。"我们学校的教师来到学校就是凑在一起聊天，上课都是在应付。"课堂教学以及相关工作能够在几年之内就熟练起来，随后的教学工作就看教师的"心情"了。"我搞再多的考核，教师都有办法应付。""我想把学校搞好一点，可是教师们都不配合。""谁要是配合了，周围的同事还笑话他，说他想当官。""只能采取一个办法，就是给钱。现在给钱给多了，连给钱都看不到好活儿。"这位校长说出了当下不少学校都存在的现实且具体的问题。在现实生活中，教师动力不足实际上涉及学校环境中方方面面的事件，甚至涉及教师个体生活环境的方方面面。

---

① 蓝秀华：《教师的职业压力和职业倦怠》，《江西教育科研》2003 年第 5 期。
② 吕邹沁、凌辉：《中小学教师工作压力、社会支持与职业倦怠的关系》，《中国健康心理学杂志》2014 年第 9 期。

当前许多学者已经对动力不足现象和影响因素展开分析。有一些学者对学校组织、学校制度、学校领导的管理等方面进行了观察和分析，认为这些方面或多或少在一定程度上限制或异化了学校教育和学校内的成员（包括教师和学生等）。[①] 其中对教师的影响主要涉及教师的主体性、自我认同以及职业意义感等。同时，"生活""生活意义"等带有人文关怀意味的研究视角也被学者引入对教师无力现状的关注之中。研究表明，为教师建设"全方位的支持系统"、提高教师的"效能感"、减轻"教师压力"等，或许能够促使教师"专业意识觉醒"，并能够改善教师的"职业倦怠"现象，从而改善动力不足的状况。

在笔者看来，要想解决教师动力不足问题，首先必须认识到这是一个系统工程。在此基础上，还必须厘清这些现象和事件背后的逻辑和相互关系，找到解决问题的根本线索。同时，必须认识到现实问题从真正的实际生活入手。否则，提出的任何解决措施恐怕要么是纸上谈兵，要么只是提高了教师的"应对水平"。因此，应该将教师个体回归到现实的生活情境中、置于学校场域的日常生活中，才能够充分认识和了解究竟是什么样的原因导致了教师的动力不足状况。

基于上述观察和思考，本书选择将学校场域作为观察对象，通过观察，拟从主体性和意义感生成的角度，分析造成教师个体意义感缺失、从而动力不足的深层根源。

一 动力不足现象的研究成果

围绕教师个体表现出的职业倦怠、发展动力不足等现象，现有研究主要在现状表现、影响因素以及解决方案三个方面展开分析。通过梳理现有研究成果，能够发现对于如何改善和消解教师职业倦怠、提高教师的积极性，目前理论界的研究尚没有较为成熟的解决方案。

1. 动力不足的现状表现

不少学者使用职业倦怠、主体性不足、教学热情衰减等词汇来描

[①] 屈陆、刘晓英、冯文全：《制度和生活：学校德育实效的根本》，《内蒙古师范大学学报》2005 年第 4 期；赵秀文：《控制还是解放——探问学校管理制度的根本价值诉求》，《当代教育科学》2011 年第 4 期；彭宏辉：《高等学校教师绩效工资制度改革的反思与建议》，《会计之友》2012 年第 7 期；余雅风：《公共性：教育制度变革的基本价值》，《教育研究》2005 年第 4 期；袁小平：《学校管理制度设计的伦理关怀》，《教育评论》2004 年第 4 期；等等。

述教师个体的动力不足现象。例如，一些对教师职业生涯周期的研究描述了教师在一定年龄（教龄）时出现了失去教学兴趣、失去个人发展热情等的相关现象；有的学者认为当教师的工作满意感变弱，就会出现发展动力的问题，相应地，该学者认为这或许是在"探索新的职业道德"[1]。

引进美国临床心理学"职业倦怠"概念之后，国内心理学、教育学领域的学者逐渐广泛使用这一概念描述教师的动力不足现象。学者们的关注和研究揭示了各级各类学校教师职业倦怠的具体表现和具体状况。例如王秀希、王欣的《河北省中学教师职业倦怠现状的调查研究》[2]，赵玉芳和毕重增完成的《中学教师职业倦怠状况及影响因素的研究》[3]一文，论文采用 MBI 教师职业倦怠问卷对四所中学的 230 名教师展开测量。结果显示：教师们在情感衰竭、成就感衰退两个指标上情况比较严重，相对来说，去个性化现象并不严重。同时，几乎所有调查数据都显示，随着教龄的增长，三个指标都存在先上升后逐渐下降的线性趋势。不少围绕教师职业生涯、教师职业倦怠等方面所展开的研究描述了动力不足现象。

2. 动力不足的影响因素

不少学者集中探讨了导致动力不足的主要现象——职业倦怠的影响因素。所涉及的影响因素包括工作压力、人际关系疏离、教学技术化、对教师角色的领悟以及教师个体的人格特征，等等。

研究显示了教师职业对职业倦怠的深刻影响。调查数据已经显示出职称、教龄与职业倦怠之间存在较强的相关性。《小学教师的职业倦怠与职业压力》[4]《高校教师工作压力与职业倦怠的相关研究》[5] 等

---

① 孙菊萍：《追求教师生命的真实成长——小学教师专业发展动力及发展机制的样本研究》，硕士学位论文，华东师范大学，2006 年。

② 王秀希、王欣：《河北省中学教师职业倦怠现状的调查研究》，《教育与教学研究》2009 年第 3 期。

③ 赵玉芳、毕重增：《中学教师职业倦怠状况及影响因素的研究》，《心理发展与教育》2003 年第 1 期。

④ 董薇、赵玉芳、彭杜宏：《小学教师的职业倦怠与职业压力》，《高校保健医学研究与实践》2006 年第 3 期。

⑤ 崔向军、马洋纳、朱小茼：《高校教师工作压力与职业倦怠的相关研究》，《中国健康心理学杂志》2011 年第 3 期。

研究采用 MBI 教师职业倦怠问卷对工作压力和职业倦怠的影响关系展开研究。

目前研究还显示出教师的个体特征对职业倦怠等动力不足现象的深刻影响。教师的个体特征包括有教师应对方式、教师教学的效能感、教师家庭冲突归因方式、教师生活质量，教师个体的情感能力、教师个体的社会支持状况、教师个体的自我评价，等等。例如《小学女教师的压力、应对方式与职业倦怠的关系》[①]《广西中小学教师职业倦怠及其与生活质量相关因素的关系》[②] 等论文。在后一文中，作者通过分析认为，多数研究者将会赞同社会支持、教学效能感与应对方式对教师职业倦怠存在负面影响。

梳理可得，造成教师动力不足的主要因素大致包括社会因素、职业因素、学校因素和个体因素。

所谓社会因素包括两个主要方面：其一，国家和社会对教师所从事的教育工作充满期待，这些期待使得不论是政府还是普通群众都难以接受教师工作的任何瑕疵，直接导致教师职业的压力过大；其二，接踵而至的教育改革给教师提出了越来越高的能力要求和越来越多的工作规范，这在很大程度上增加了教师的心理负担和职业负担。

所谓职业因素包括两个主要方面：其一，相对于其他职业来说，教师职业的工资报酬明显与教师个人的劳动付出不相适应，职业牺牲精神等无法长期支持教师做出超负荷的劳动，职业质量自然下降；其二，教师所从事的职业劳动毫无疑问是复杂的、充满实践性的，而这些应该受到更多尊重和认可的个体创造性劳动没有得到应有的认可，教师的劳动创造性因此受挫。

所谓学校因素，主要是指学校行政化的管理制度大大损伤并束缚了教师的自主动力。学校的组织管理是科层式的管理模式，这与教师个体化的劳动特点不相符合，教师缺少自主空间。另外，作为学校管理教师的重要制度——绩效评估制度更由于其过于强调"规范的指标体系"而引起不少学者的质疑。

[①]　袁锦芳：《小学女教师的压力、应对方式与职业倦怠的关系》，《中国健康心理学杂志》2009 年第 5 期。

[②]　吴素梅、史意娟：《广西中小学教师职业倦怠及其与生活质量相关因素的关系》，《广西师范大学学报》（哲学社会科学版）2012 年第 6 期。

对于个体因素的质询主要表现在对教师个体职业道德方面的质询，也有表达为教师责任感淡薄、满足于现状、信心不足等方面。也有学者认为，个体的个性特征、与工作相关的幸福感、意义感[①]、价值感、使命感[②]等"内在个体"是导致教师职业倦怠的根本原因。

3. 动力不足的解决方案

在影响因素的分析基础上，很多研究围绕"如何消解职业倦怠"展开分析。

如何消解呢？有研究者建议学校管理者、学校制度设计者、社会各界对于教师不要施加过多工作压力，给予较好的社会支持，等等。就目前的研究来看，多数学者将解决方案集中指向教师个体的自我努力。教师个体的自我努力，包含较多层面。《教师职业倦怠的自我消解》[③] 一文在对职业倦怠影响因素的梳理基础上，认为职业倦怠自我消解的策略是：关爱自我、开放自我、超越自我。有的论文在分析了工作压力的影响基础上，认为职业倦怠的消解需要教师个体有意识地减少工作压力；也有论文写道，教师要生成个体对于教师这个角色的领悟；培养个体的自我效能感、情感能力，等等。罗润生、申继亮在 2001 年的研究认为，只有当教师对所从事的专业有一定的认同与信念，教师才会自觉产生内在信念，内在信念和承诺是教师个体自主专业成长的动力。也有研究认为，教师个体的自我效能感决定其教育效能感。[④] 再如，姜勇等人在《教师自主发展及其内在机制》中也从个体内在机制视角对教师的发展动机进行分析。

在梳理中，发现不少研究将教师个体动力不足的原因指向教师个体的主体性、自我效能感、个人职业道德、职业信念水平等"内在自我"的层面。与个体"内在自我"相关的研究与探讨集中强调了教师个体的主体性在教师教学实践中的意义和价值。教师的意义感从根本上说，是教师个体的主体性"实践"问题。一位工作二十多年的老教师说，

① 施国春、李颖：《教师职业意义感的缺失和追寻》，《教学与管理》2014 年第 4 期。

② 廖传景等：《中小学教师职业使命感的结构与测量》，《西南大学学报》（自然科学版）2014 年第 3 期。

③ 张辉：《教师职业倦怠的自我消解》，《安庆师范学院学报》（社会科学版）2013 年第 2 期。

④ ［美］A. 班杜拉：《自我效能：控制的实施》，廖小春等译，华东师范大学出版社 2003 年版。

"如果问我在教学上有什么风格,我还真说不出来……我把自己弄丢了。"① 这不禁让人联想起基尔凯戈尔讲到的这样一个故事,一个对自己的生命心不在焉的人,直到他在一个阳光明媚的早晨一觉醒来发觉自己已经死了,才知道他自己的存在。② 在研究者看来,教师在教学生活中逐渐失去对自己这一个体存在的意义感受,也就是所谓的失去了"自我"③,才是真正造成教师缺乏动力、宿命般地出现情绪倦怠、缺乏发展动力的真正原因。

概括上述相关研究,本书选择从教师个体主体性出发,探讨由于缺少职业生活意义感导致的教师动力不足问题。

二 对职业生活场域的研究成果

同本书一样,不少学者选择从教师的主体性出发,探讨导致教师动力不足的根本原因。研究发现,学校组织、学校制度和学校管理等对教师的主体性④、自我认同以及职业意义感等将带来深刻影响。学者在分析中所涉及的"原因"包括:认为学校组织的科层制必然带来"科层权威"凌驾于"专业权威"之上,必然影响教师专业化发展;⑤ 学校组织科层化还有可能使教师个体成为被动的执行者,沦为教育流水线上的工人;⑥ 科学化管理还可能造成教师个体对自我身份的认同危机;⑦ 校长的领导管理风格、学校制度的灵活性与原则性冲突、学校行政化管理等均有涉及。基于这些讨论,有学者提出学校的管理机

---

① 孙菊萍:《追求教师生命的真实成长——小学教师专业发展动力及发展机制的样本研究》,硕士学位论文,华东师范大学,2006年。
② [美]威廉·巴雷特:《非理性的人》,段德智译,上海译文出版社2007年版,第7页。
③ 在一些文章中,有作者使用"生命感"一词来强调对教师在教学生活中的"存在",笔者认为殊途同归。
④ 屈陆、刘晓英、冯文全:《制度和生活:学校德育实效的根本》,《内蒙古师范大学学报》2005年第4期;赵秀文:《控制还是解放——探问学校管理制度的根本价值诉求》,《当代教育科学》2011年第4期;彭宏辉:《高等学校教师绩效工资制度改革的反思与建议》,《会计之友》2012年第7期;余雅风:《公共性:教育制度变革的基本价值》,《教育研究》2005年第4期;袁小平:《学校管理制度设计的伦理关怀》,《教育评论》2004年第4期;等等。
⑤ 康永久:《教师专业化的组织激励》,《教育科学研究》2006年第11期。
⑥ 王有升:《论现代学校的体制建构》,《教育学报》2005年第4期。
⑦ 周建平:《教师自我认同:危机与出路》,《教师教育研究》2009年第7期。

制应该变经验管理为道德领导，在学校内为教师组织更多的有意义的活动等主张。[①]

梳理现有研究成果，学校场域对教师个体主体性的影响主要包含以下两个方面：

一方面，强调标准和规范的学校教学实践受到学者的批判。有学者认为，在学校教学生活中，教学实践受到技术理性支配的深刻影响，在此影响下，教师容易满足于能够获得高效率的规范性教学实践办法，缺少积极主动的萌发和总结教学经验、教学思想的动力。教师们在教学行动中无法体验个人的思想和智慧，教学实践日益封闭和狭隘，教学往往沦落为操作性实践。同时，这种例行化的实践方式使得教师在日常生活中逐渐形成一种惯性，这在很大程度上消融了原本别开生面和新鲜光彩的教学生活，使之失去应有的新意和趣味，使教师的日常教学生活逐渐缺少了个人存在感。

另一方面，学校组织的科层属性受到学者们的批判。从学校组织生活来看，行政机关组织以及其代言的相关管理规章制度潜在地操纵了教师个体在组织内的日常生活选择。伴随工业大生产时代的来临，国家和政府构建了现代学校体制。强调普遍、公立的学校系统限制了教师们创造知识的专利，转而成为国家的雇员，从事由教育制度界定的职业劳动。同时，现代的教师培养体系下培养出来的教师更像是"知识工人"——教师教什么、如何教等均受到学校相应管理制度的约束，教师受着制度和职业技术的双重制约。现代学校的课程内容不能随意挑选，教师授课的时间已经确定了明确的时间表，教师的教学方式也是提前集体备课确定的。研究指出，科层体制对教学过程的控制使教学变得越来越程序化，如此一来，教师创造能力难以得到产生和发展，其具有个人特点的践行空间逐渐消亡。

更多相关研究不再赘述，这些研究提示了对教师主体意义感的研究应该着眼于对学校组织的"现代性"这一特点的分析。福柯的规训理论对于主体性、对于现代社会组织有着独特的理解，是本书展开分析的重要基础。

---

① 李勤、唐宇灵：《在内在生命的唤醒与提升中成就教师》，《江苏教育研究》2010年第9期。

三　学校规训教育的相关研究

学者使用"规训教育思想"指代福柯界定的规训概念及其相关论述,将他论及的教育现象称作"规训教育"。例如《福柯规训教育思想研究——基于谱系学方法转向与规训概念的创生》① 《学校规训教育探析——基于福柯规训理论的视角》② 《福柯规训思想与学校规训教育》等文章。

由于福柯在《规训与惩罚》中常使用学校做例子进行规训技术的分析,这启发了学者们使用规训及规训手段等去研究、去观察教师、教师身份、学校组织、学校制度以及师生、学生个体等。现有研究中,有的学者使用规训理论分析农村教师的群体身份,还有的研究分析师生个体被学校操纵的事实和现象,还有研究直接把学校比作监狱③展开对学校制度的分析。也有研究使用规训理论分析了某个学校事件,例如《学校生活中的权力关系展布研究——一所学校革新事件的个案研究》④ 一文,就把学校组织看作一种权力关系的网络,然后利用规训的机制,进行了学校事件的分析。

纵观现有学者展开的相关研究,涉及的规训教育现象主要包括以下几点:

1. 时间分配、空间分配与身体控制

张命华在《基于福柯规训理论视角的学校规训教育》⑤ 一文中介绍了学校规训的运作技术有三个方面:时间分配、空间分配与身体控制。2013 年的《教育理论与实践》刊发《学校场域中墙的意涵变迁》⑥ 一文,试图分析的是学校的墙意味着什么。文中对墙的分析,是把墙当作

① 曹悦群、宋巍:《福柯规训教育思想研究——基于谱系学方法转向与规训概念的创生》,《外国教育研究》2012 年第 12 期。

② 徐金海:《学校规训教育探析——基于福柯规训理论的视角》,《天津师范大学学报》(基础教育版) 2010 年第 4 期。

③ 葛新斌:《学校,抑或监狱?——福柯对学校与规训关系之描绘》,《华南师范大学学报》(社会科学版) 2009 年第 3 期。

④ 刘建军:《学校生活中的权力关系展布研究——一所学校革新事件的个案研究》,《教育理论与实践》2012 年第 2 期。

⑤ 张命华:《基于福柯规训理论视角的学校规训教育》,《内蒙古师范大学学报》(教育科学版) 2014 年第 6 期。

⑥ 潘跃玲、熊和平:《学校场域中墙的意涵变迁》,《教育理论与实践》2012 年第 34 期。

空间分配的这一规训运作技术展开具体分析的。除了空间安排这一规训技术之外，时间上的安排也是不少学者比较关注的内容。例如《湖南师范大学教育科学学报》在 2014 年第 5 期刊发的《作为一种规训策略的学校时间》[①] 一文，专门就时间安排进行了规训分析。《全球教育展望》2009 年第 12 期刊发《道德·时间·制度——对于学校时间制度的道德审视》[②] 一文，论文对于学校的时间制度进行了现实分析。

2. 监视和检查

有的学者总结了学校场域的规训手段主要有监视、规范化的裁决或惩罚，以及检查。[③] 也有的学者认为规训手段是学校内书写的技术，将其与空间、时间和考试评估检验作为四项规训的手段。[④] 也有的学者是将身体姿势的规定、空间管理与层级监察、规范化裁决以及考试并列为五项学校的规训性权力。[⑤] 学者们普遍关注了学校通过考试、请家长以及作业检查等方式完成的对学生的规训。

熊和平在《教育学报》上发表文章《知识、身体与学校教育：自传视角》[⑥]，采取自传的视角，把自己作为个体在学校生活中所感受到的"我"和"我的规训"进行论说。文章中，描述了学校利用监视和检查的多重规训技术实现了学生"我"的驯顺。

3. 生产性带来规训的消解

个体被规训，肉体被驯顺，关键的核心是精神层面上的驯顺。因此，也有学者运用规训对道德层面的相关问题进行分析。例如于中海在《现代大学教育》上发表的文章《制度化的教育与学校德育机制研究》[⑦]，就是使用规训、教化等词汇，运用后现代理论对德育机制进行分析。权力网络能够带来个体对现有社会与道德规范的认同与服从，能

---

① 桑志坚：《作为一种规训策略的学校时间》，《湖南师范大学教育科学学报》2014 年第 5 期。

② 傅淳华：《道德·时间·制度——对于学校时间制度的道德审视》，《全球教育展望》2009 年第 12 期。

③ 卢祺、黄莹：《学校场域中的规训权力》，《社会发展》2010 年第 5 期。

④ 闫旭蕾、孙承毅：《试析语言：学校教育的"编织物"——一种语言视角下的教育社会学研究》，《教育研究与实验》2009 年第 4 期。

⑤ 于春燕：《我国学校场域权力关系运作及其后果分析》，《改革与发展》2013 年第 1 期。

⑥ 熊和平：《知识、身体与学校教育：自传视角》，《教育学报》2014 年第 12 期。

⑦ 于中海：《制度化的教育与学校德育机制研究》，《现代大学教育》2010 年第 3 期。

够产生顺从的人格与肉体。正是出于权力操纵个体和控制事实的深刻分析，福柯喊出"人死了"的口号。他指的是"人的主体性"死了——人成了顺从的人格与肉体，其主体性消失了。这对于研究教师的主体意义感具有重要的启发。因为意义的缺失和枯竭可能来源于主体性的消失。

2012 年第 2 期《教育研究》刊发苏尚峰的《论学校空间的构成及其生产》一文，不仅运用了福柯的规训分析话语，还创造性地重新界定了空间概念，分析了规训和规训的消解—生产。苏尚峰把空间分为不定空间、半固定空间和固定空间。运用这一划分逻辑，将学校场域进行了划分，使用福柯的规训展开分析。本书将学校空间延伸为身体空间、物质空间和符号空间。同时，认为学校空间通过身体、物质和符号的相互关系而具有了流动的方向，学校空间继而具有了生产性，学校空间成为"重要的生产资料"。在作者看来，学校空间的再生产可以实现学校教育现代性特征的解构，是教育改革的一种出路。

现有研究展现了规训对精神层面的损伤，即驯顺；同时展现了规训消解的出路：生产性。在福柯看来，权力网络是微观的、持续的，而且具有生产性。"权力在生产，他生产现实，生产对象领域和真理仪式。"[1] 正是由于规训具有生产性这一本质特点，使得学校或许能够为教师主体性意义感的生成提供出路。

四　研究视角的选择

规训制度的普遍化、全景敞视主义的监视技术对日常生活的彻底入侵，是福柯对现代社会的规训与控制性质所做出的两个基本论断。基于现有相关研究成果，本书对福柯规训理论的应用，主要体现在研究视角的选择上，具体包括以下两点。

1. 分析学校的规训手段和技术

福柯的代表作《规训与惩罚》[2] 一书系统地阐述了规训在社会组织中的运作机制。福柯利用"规训"这一词汇的多义特点，进行了新的

---

① 陈嘉明：《现代性与后现代性十五讲》，北京大学出版社 2006 年版。

② ［法］米歇尔·福柯：《规训与惩罚》，刘北成、杨远婴译，生活·读书·新知三联书店 2007 年版，第 4 页。

内涵的界定。规训，discipline，原有纪律、训练、规则等含义。福柯分析了近代产生的监狱、学校等社会组织，意识到这些组织所使用的权力技术既是干预、训练和监视肉体的技术，又是制造知识的手段，福柯将这种具有规范化特征的权力技术称作"规训"①。在福柯的分析论述中，规训是一种权力类型，是行使权力的路径、轨道，它包含了一系列称为手段、技术、程序、应用层次和目标的权力系统。

《规训与惩罚》的第三部分包括驯顺的肉体、规训的手段和全景敞视主义三章内容。分析现代社会组织通过空间安排、纪律安排的技术来实现规训，造成了一个控制和使用人的结果——驯顺的肉体。书中分析和梳理了四项规训发生的技术，对本书展开对学校组织的分析和观察提供了有效的分析视角。四项规训技术为分配艺术、对活动的控制、创生的筹划和力量的编排。

第一，分配艺术指的是纪律，主要涉及对空间的分配。对人的空间分配入手的，即前面列举的学者所提到的"对空间的限制"这一规训手段。福柯认为，一些所谓的职场规则的实质是"创造"权力的意义。例如，把建筑通过不同用途的原则进行分类这一职场规则，人为创造出一个所谓的有意义的、事实上是为了满足监督和割断有害联系需要的，所谓的"有意义的空间"。例如海军医院的药品箱。海军医院把药品锁起来，只有部分人能够打开这个药箱。能够打开药箱的人如果要拿药，需要对药品的使用进行记录。这一规训技术或手段实际上就是通过空间的设计、操作流程的设计，将这个海军医院的不同人之间的关系强弱和资源流动的方向进行了标识。在现代的学校、工厂等社会组织里随处可见这样的安排和设计。对于一些所谓关键的核心物资或者是资源，通过规范空间或者用空间分配的方式来实现"关系的配置"——"权力的分配"。

第二，对活动的控制指的是对个人日常活动的控制。控制的方面包括有时间表、动作时间性的规定以及在这期间肉体和姿势关联的情况，控制的核心在于建立一种秩序，以实现控制。例如，学校规定明确上下班时间、工作期间时间表、具体工作程序以及具体工作环节中的流程安

---

① ［法］米歇尔·福柯：《规训与惩罚》，刘北成、杨远婴译，生活·读书·新知三联书店 2007 年版，第 4 页。

排，等等。

第三，创生的筹划指的是创造性地把学校里面人的时间、空间，还有他要从事的活动进行一个统筹的规划和安排，充分利用人的时间、精力，以更好地实现学校的培训目标。创生的筹划主要有四个机制：时间分解；计划的分解；划分时间片段；制定具体程序。例如，学校的每个年级都有各自的包括知识、能力、态度以及价值观念的教育目标，这些教育目标之间是层级递进的关系，只有前一个年级在数量和质量上的积累，才能进入下一个阶段的学习。这就是创生的筹划这一规训手段。

第四，力量的编排指的是设计精确的指挥命令系统，建构一种其成效必须高于其基本构成力量总和的生产力，使得每一个组织成员的力量能够精细结合。

上述四个规训技术是紧密联系在一起的。在组织系统内创造一种秩序，就是规定资源分配的秩序，活动的控制就是使得有些人能够进入某一场域内，有些人就不能够进入一个场域，这既是纪律，也是权力。因为秩序意味着有些人有权进入某些场域。同时通过关键物资的分配，人为创造出"有权的人"才能够最有效地筹划每一名成员的活动、时间和精力。于是，有权的人就可以通过掌握这种资源的流动方式，来实现所谓的监督人、监视人的规训方式。即使"有权的人"可能并没有（事实上也不可能）监视到团体或组织内某一个人具体的行为或者是具体的动作，但是仍然能够完成"监视"。正是通过对"物资"的监督，使得"有权的人"对组织内个体的活动、行为，产生纪律。

除此之外，福柯在《规训与惩罚》中还论述了三个具体的规训手段：层级监视、规范化的裁决和检查。在学校组织结构中，金字塔般、层级网络的科层体制能够带来层级控制；现代学校的重要标志就是构建现代学校组织制度，对教师的行为和后果以及所带来的奖励和惩罚等裁决都是明确规范的；检查是学校行之有效的监督手段，其中最重要的检查就是工作量的考核与评估。这三个规训手段提示了本书在分析学校组织结构时，集中关注了学校的层级网络结构、规章制度体系以及考核评估方案。

2. 规训的根本原因：学校权力关系网络

据学者陈嘉明总结，贯穿福柯思考的三个关键概念是知识、权力与伦理。① 福柯认为，在现代社会，人是处于权力关系网络中的存在，是被社会通过知识话语、道德话语等权力话语，以及各种手段所规训、控制的个体。即"权力无处不在"。

首先，福柯认为知识与权力体系是不可分割的。现代个人既是知识的客体，是学习的对象，又是知识的主体，能够生产知识。因此，在福柯看来，"主体"和所谓自我，是权力借以使个人将社会控制予以内化的策略以及这种内化的后果。② 如福柯所言，现代社会是知识和权力结合在一起、操纵每一个个体的社会。在这个社会里，往往不是人做错了，而只是没有达到某一项标准。或许，现代学校组织正是使用这些"无所不在的权力"，利用微观的、持续的关系网络，将知识和权力结合于一体，制造一系列的标准和规范，"规训"了个体，使得个体的主体性消失，从而造成了教师个体意义感的缺失现象。本书也将使用规训的研究视角分析教师个体主体性的社会控制以及内化结果——意义感的缺失。

其次，福柯认为"权力之所以能够无所不在，并不是因为它包含一切，而是因为它来自一切方面"，"任意两点之间"都会发生权力关系。权力不可能属于某个人或某个团体，权力是一个复杂的关系系统，是不同人、不同团体和他们所在的社会领域之间的关系所构成的关系网络。这个关系网络随环境和时间会产生变化。福柯在论及规训时，将权力界定为在关系系统中流动的策略、机智、技术、经济乃至知识、理性，等等。正因为福柯将权力理解为是可以变化的，是与团体或社会领域相联系的，也因此，福柯赋予了权力以"生产性"。这提醒了笔者，如果我们运用福柯的规训理论来探讨学校的规训现象，就不能仅仅停留在对学校的时间表、空间安排、书写技术安排等规训技术的批判和分析，更应该分析学校时间表、空间安排以及规范要求背后所试图实现的关系网络——权力。

第二节　研究的相关说明

本书关注的问题是教师职业生活意义感的缺失现象。意义感是个体

---

① 陈嘉明：《现代性与后现代性十五讲》，北京大学出版社 2006 年版。
② ［美］道格拉斯·凯尔纳：《后现代理论》，张志斌译，中央编译出版社 2006 年版。

对客观世界的价值体验。本书对教师个体的意义感的研究着眼于其最直接的职业场域，即学校这一社会组织展开。现代学校对教师个体主体性的意义感生成的深刻影响，是本书的核心内容。

正如吉登斯所言，现代社会将通过改变日常社会生活的实质，从而带来对人的精神世界的改变①，制度规范甚至成为"个体自我"的一部分。本书认为，正是现代性"介入"个体自我，带来了对个体主体性的深刻影响。因此，本书考察教师个体主体性，必然也应该从教师的"日常社会生活"入手。正如吉登斯论及的，基于现代性构建起来的现代制度体系已经成为自我认同的外延和自我认同的意向，这必将导致个人素质的改变。改变是在实践意识层面完成的，并被"容纳到日常生活的连续性中"。

对教师来说，分析其职业生活意义感的缺失，必须观察与教师职业生活息息相关的学校内的学校组织、学校制度和学校管理等。若将教师定义为应聘到教师岗位上的个体，其职业生活可以包括以下几个方面：

第一，由学校制度决定的教师岗位。教师在学校范围内的教学工作除了受到国家、地方等各级教育行政机关的管理之外，还要受到学校以及学校各个职能部门以及相关管理规章制度的约束和制约。

第二，从事岗位要求的相关工作。教师的首要工作是从事教育教学工作，包括日常的课堂教学和为了完成必需的课堂教学任务而产生的批改作业、与学生谈话等与学生相关的活动以及参与（集体）备课和参加教学相关会议等与教师、学校相关职能部门的事务。在这其中涉及的具体活动是相当丰富的，可以将这些活动统称为教师的教学生活。

第三，由岗位决定的组织生活。每一个岗位都是组织关系中的一个位置，也因此，每一位教师都处于学校组织结构之中。教师在学校内与同部门教师、与相关部门职员、与上级部门领导之间必然产生一定的人际交往，可以将这些活动统称为教师的组织生活。

综上所述，本书主要从上述三个层面将教师在学校环境内的职业生活内容和范围进行了较为全面的描述，从中观察和发现教师个体职业生活意义感的缺失现象。研究的目的在于发现学校教学的标准化、学校组

---

① ［英］安东尼·吉登斯：《现代性与自我认同》，赵旭东、方文、王铭铭译，生活·读书·新知三联书店 1998 年版，第 10、1—2 页。

织的科层化、学校制度的规范化对教师个体主体性的压抑与规训，从而导致个体职业意义感的缺失。

一　研究的方法

如前所引用的吉登斯的论述，现代社会制度是通过改变个体的日常社会生活来实现对人的精神世界的影响的。因此，对属于精神世界重要部分的教师个体主体性、教师主体性的意义感生成，本书应该采用能够充分体现出这一变迁过程的研究方法。

本书试图将教师个体置于具体的学校场域中，同时捕捉和发现学校场域中围绕教师的职业生活，哪些因素在通过什么样的路径导致了教师个体的意义感缺失现象。因此从方法论层面上来讲，采用的是综合研究的研究方法。具体来说，拟采用现象学的分析路径收集相关资料，采取质性研究的类属分析梳理所收集的相关资料；在此基础上，利用推理论述的研究方法完成分析。

1. 观察对象的选择

首先说明为什么选择一所学校来作为观察对象，展开相关分析。简单地说，是出于对"具体"教师的强调。如前所述，本书认为只有在真实的生活情境中观察个体，才能够真正发现对教师个体的主体性、意义感产生影响的可能要素。主要有这样三点思考：（1）选择一所学校，能够有效地将一名教师个体可能发生影响的全部环境控制在一个相对来说可以被观察到的情境中；（2）个体主体性主要体现在日常生活中，因此需要结合学校内的日常生活来考察，而在日常生活中相互交织的人与人的关系是异常复杂的，一所规模较小的学校将更加利于研究的资料收集和研究观察；（3）为了还原生活的真实性以及"教师意义感缺失"的普遍性，并不需要特别选择"意义感缺失严重或现象典型"的学校，而是尽量选择一所普通的学校来加以说明和分析。

具体来说，本书拟通过对研究对象：某中心小学（以下简称 Z 小学）的学校组织结构、学校日常教学生活、教师之间的互动形态等进行观察和分析。将学校组织环境对教师个体主体性的影响进行梳理和分析，描绘出教师个体职业生活意义感缺失的发生。在此基础上，本书希望总结出职业生活意义感缺失的主要影响机制，并提出利于教师意义感生成的学校建设建议。

由于收集资料的方法是由研究对象的性质、特征以及结构状态等现场研究条件决定的，也取决于研究者个人的研究素质、经验和研究偏好。因此，研究者选择一所乡镇中心小学作为个案，研究和分析学校教师的日常职业生活。Z 小学是一所普通小学，小学里的一名较具有影响力的教师能够理解本书的基本研究设计思路，并有足够的时间和影响力帮助研究人员进入 Z 小学，展开相关资料收集工作。同时，Z 小学是一所北京郊区镇属小学，并没有市重点、区重点等重要头衔，学校内教师的教学工作受学校外、学校上级部门的影响较小，相对闭塞，利于研究和分析的开展。同时，经过统计，Z 小学的教师学历水平、教师规模接近于该区的平均水平（具有专科及以上学历的教师达到 48.76%）。

2. 具体使用的研究方法

研究过程中，采取了参与式观察、深度访谈、问卷调查以及文本资料分析等具体的资料收集的方法。

（1）参与观察。研究者以"在读博士进校研究"的真实目的和真实身份进入 Z 小学，在推荐教师的帮助下，获得该校入门证件、食堂就餐证件以及相应办公条件，成为学校教师日常生活的一部分。首先采取的收集资料的方法就是观察法。在校期间，观察并记录办公室教师之间的互动、观察教师如何安排个人的授课以及上下班等作息活动，观察教师在得到相关通知时的自然反应，观察教师参加学校组织各类活动的参与情况，并且所有观察均有记录，观察的内容也紧紧围绕本书的主要研究内容展开。

（2）深度访谈。访谈也是本书使用的重要数据收集方法。在访谈之前，围绕本书的研究内容，笔者准备了简单的五道题目的访谈提纲。访谈过程中并没有严格依照访谈提纲完成。在具体的研究过程中，访谈主要分三类完成。第一类是访谈管理人员，了解学校的资源、资源分配等情况，了解这些管理人员的升迁以及他们对教师工作、对一线教师的基本认识，等等。一般都与管理人员提前安排访谈内容和访谈时间，因此访谈以半结构式访谈为主。第二类是访谈班主任等主科教师和副科教师。由于多数教师教学任务较多，访谈往往只能采取见缝插针的方式。个别教师能够抽出一节课的时间完成访谈。第三类访谈采取的是完全没有访谈提纲，不进行预约，而是在日常观察中，随时展开闲聊式的访谈。除了分析中引用了部分访谈原文之外，附录 3、附录 4 对访谈对象的基本信息和访谈记录做了摘要。

（3）问卷调查法。为了广泛了解学校教师对学校社会阶层、对学校组织结构等方面情况的了解以及教师对制度规范的认识与行为等问题，本书还采取了问卷调查的方法。问卷的设计围绕四个问题展开，具体的内容和调研目标设计见附录1、附录2。

（4）文本分析法。学校的制度规范是现代组织管理规则的主要表现，因此本书收集了学校的规章制度文本作为分析对象；同时，学校会议、通知等是现代组织权力实现以及学校权力流动的主要线索，因此本书对主管校长的会议记录文本（一学年）和6月份的通知文本也进行了资料收集和分析。

二　调研对象：Z小学

基于上文说明的选择理由，本书将调研对象确定为北京市某所镇办镇管的普通中心小学，以下简称Z小学。①

1. 学校概况和组织结构

作为研究对象的Z小学有24个教学班，学生938名，教职工89名。其中，拥有中学高级教师职称的有2名，小学高职称的55名，合计占教师总数的61.8%；大专及以上学历73人，占教师总数的82%。具有北京市级别荣誉的教师8名（学科带头人1名、骨干教师7名），区级荣誉教师17名（学科带头人3人、骨干教师8人、科研骨干教师1人、骨干班主任5人）。

学校占地面积9000多平方米，总建筑面积将近3000平方米。学校主体建筑是一座六层的教学楼，另外还有大礼堂、塑胶操场、一排平房组成。学校建有现代化的基本教学设施，有较好的网络条件和广播网络条件，基本的多功能等专门教室也是齐全的，还有专为教师使用的电子备课室、录课室、多功能报告厅、会议厅等设施。学校的每一间教室都装有多媒体设备，包括电视机、实物展台、1台教师计算机、3台学生计算机、交互式电子白板等。

目前学校处在一个比较稳定的组织结构中，2003年现任校长上任，

---

① 本次观察的学校为某镇某小学，为了避免对研究单位造成不必要的困扰，本书隐去学校名称。

2006 年校长兼任书记。学校实施"校长责任制",基本的管理机构包括有:党支部、校长办公室、工会办公室、教导处、总务室、教科室、德育处和信息办。

主要职能部门的职责如下所列:①

党支部:配合学校行政班子完成学校教育教学的中心工作,发挥政治核心作用。

校长办公室:校长负责学校各项工作,是贯彻党的教育方针、执行教育法规和有关政策的主要负责人。副校长三名,均有具体的分管工作,协助校长做好学校各项工作。

工会办公室:工会具有维护、建设、参与、教育的四项职能,还要做好教职工群众的思想政治工作,还承担教代会工作机构的任务。

教导处:协助校长全面的教育工作;制订学校教学工作计划,开展教学、竞赛、教研活动;促进教师发展、提高教学质量等。

教科室:学校课题管理,学校和教师教科研成果整理与推广。

德育处:主要负责德育工作和少先队工作。

2. 参与式观察地点:某教师办公室

该小学主要建筑是一栋六层楼的楼房。小学一年级的四个班级和二年级的四个班级和教师办公室在一楼。二楼是小学三年级、实验室、校领导办公室等,三楼是四年级、五年级教室和四、五年级组教师办公室。

六楼是教师的宿舍。家住得比较远的教师在学校宿舍里面有一张床和简单的家具,以供中午休息。也有单身教师长住。

全校每一位老师都有一张自己的办公桌、一个柜子和一台电脑。学校的每一台电脑都是联网的,同时,学校还有校内的即时通系统和信息平台。每台电脑都安装了学生信息系统。教师可以在自己的电脑上发信息给其他教师,也可以发信息到公共平台上。输入自己的用户名和密码之后,可以登录学生信息系统,查看学生的基本个人信息,还可以随时登录网站看到学生的相关信息,比如课堂表现,等等。同时,短信平台还可以支持教师群发短信、通知给班上学生家长的手机,并接收回复的短信息。有的教师还要把给学生布置的作业发短信给家长们。例如提醒

---

① 资料来源于该小学网站,为了避免对研究单位造成不必要的困扰,此处隐去网址。

家长给学生买《新华字典》等。

本书主要观察的是位于三楼的五年级组教师办公室。这间办公室分外屋和里屋两个套间。外屋有七张办公桌，拼在一起。一、二班的两位班主任办公桌对在一起，三、四班的班主任办公桌对在一起，五班班主任的办公桌并在一、二班办公桌的侧面。六班班主任是学校的教导处主任，不在这个办公室。办公室另外一个角落是计算机老师和科学课老师，两位老师的办公桌对在一起。办公室一侧靠墙摆着一排柜子。每位老师有一个柜门的钥匙。这是外屋的情况，具体见图 1-1。

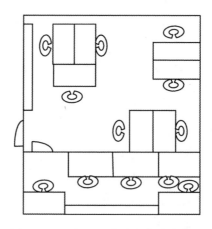

图 1-1　五年级组办公室办公桌位置

说明：🖰表示教师的座椅。

本次研究访谈了五年级组办公室的十位教师。其中有一位美术教师在外进修，中心小学把这位老师的课程安排在一天内。这位老师当天到校完成教学，上完课就回进修学校学习。办公室内间的音乐教师由于办公条件限制，常在音乐教室内上课或练琴。

另外，为了更好地了解教师们的教学生活，笔者在访谈这十位教师的同时，还根据教师们谈话中提及的线索，访谈了相关职能部门的教师和副科教师。其中包括：主管教学科研的副校长、教导处主任、教科室主任和教科室副主任四位教师。还有没有在五年级组办公室办公的两位"老"教师（教授自然课和科学课）——两位教师的办公室在学生实验室内间。同时，还采访了与五年级组数学教学有紧密联系的六年级组办公室的两位教师，一位是锐意进取的男老师，一位是临退休仍然一心扑在"事业"上的女教师。访谈对象信息见表1-1。

表1-1　　　　　　　　访谈对象信息一览

序号	姓名	教龄（年）	年龄（岁）	职称、职务	备注（访谈时间）
1	J校长	22	46	学校副校长	半小时
2	M主任	24	44	教科室主任	一个半小时
3	H主任	18	47	教导处主任	半小时
4	J老师	16	38	教科室副主任	一个半小时
5	S老师	15	37	六年级某班班主任	一个小时
6	L1老师	37	57	六年级数学教师	一个半小时
7	H老师	15	37	五年级五班班主任	四十分钟
8	Z老师	12	34	五年级四班班主任	四十分钟
9	W1老师	11	33	五年级三班班主任	半小时
10	L2老师	13	35	五年级二班班主任	一个小时
11	X老师	8	28	五年级一班班主任	一个半小时
12	W2老师	28	50s	科学课教师	两个半小时
13	G老师	30	50s	自然课教师	一个半小时
14	P教师	6	28	美术教师	两个半小时
15	L3老师	2	24	思想品德课教师	一个小时
16	W3老师	3	25	音乐教师	一个小时
17	L4老师	6	28	计算机教师	一个小时
18	Z老师	1	23	自然课教师	一个小时

三　概念的分析与界定

围绕上述研究假设，本书主要涉及的核心概念有主体性、意义感、意义感缺失。

1. 主体性

主体性用以界定人作为主体时的特殊本质表现。[①] 人的主体性主要

---

① 张科茹、朱满贵：《主体性·人的尺度·物的尺度》，《合肥工业大学学报》（社会科学版）2006年第2期。

表现为：通过能动的、创造性的活动，人在意识领域与实践活动领域中能够完成探索客观事物，追求其中的意义和崇高。主体性主要体现在人对意义以及人的超越性（崇高）的追求。主体性生成的动力来自其自我价值的实现，主体性的生成建立在实践基础上的意识活动过程中。袁贵仁在《人的哲学》里将人的主体性界定为：人与客观的相互作用中所体现出来的能动性、创造性和自主性。① 人的主体性的主要表现是能够理性地面对制约个体存在与发展的各种主客观因素，能够独立、自由、自觉并自主支配相应的权利与责任。

在心理学看来，主体性是一种综合的心理特征，决定着个体的外显行为和内隐行为，并使其与他人的行为有稳定的区别。② 常见的人格心理特征包括能力、气质、性格。主体性不构成人格，主体性决定着个体的能力、气质、性格、认知、情意过程。在这个意义上说，所谓较高的主体性，指的是个体的能力、气质、性格、认知、情意过程中表现出较高的能动性、创造性和自主性。同样，如果一个人具有较低的能动性、创造性和自主性，指的就是个体"没有主体性，只有奴性"。心理学对主体性的重要贡献是：主体性具有发展性、是逐渐生成的。有的研究将个体自我意识的发展描述为从生理自我到社会自我，再到心理自我的发展过程。③ 在檀传宝看来，主体性的现实形态应该融通主体与客体、综合理性与非理性，具有向外和向内两个向度的意义。④

综合上述论断，本书尝试在教育学视野内看"主体性"概念，结合教师职业讨论教师主体性。个体的主体性是人与客观的相互作用中所体现出来的能动性、创造性和自主性。对于教师个体而言，其个体主体性需要具备两点本质特征：其一，自我价值的觉醒；其二，自我如何生活实践于学校环境又不受制于学校价值力量的宰制，从而成就其专业自我。简言之，即主体的自觉性和自由性。

对于任何一个个体而言，主体自我的存在首先在于其自我意识的觉醒，即对自我主体性的觉醒。在觉醒的基础上，主体自我由自我实践成

---

① 袁贵仁：《人的哲学》，中国工人出版社 1988 年版。转引自傅梅芳《主体性、主体性教育及其实现》，《广西教育学院学报》2001 年第 2 期。

② 皮连生：《学与教心理学》，华东师范大学出版社 1997 年版。

③ 同上。

④ 檀传宝：《试论教育主体性形态及其实现》，《南京师范大学学报》1995 年第 2 期。

就——在现代社会，人们在其生活实践中成就"自我"，或者说成就其独特的"人格"或"个性"，这就是个体主体性的"实践"。雅斯贝尔斯认为，"人生活在世界上，却要反抗这世界"的内在动机是引起发现自我或自我存在的动因。因此，作为个体实践自我的背景和舞台，现代社会同时成为自我实践的对立面。自我实践的开端是对个体自我主体性的觉醒。接下来的关键是，觉醒的自我如何在自我的实践和外部世界的反抗中找到平衡，也就是既生活于其中又不被客观逻辑和外在力量所宰制，成就充实而独特的"自我"。从这段文字中可以得知，自我意识的觉醒、主体性的践行等，其根本的表现形式就是能够实践于现实世界，同时又不被这个现实世界所"宰制"、所"湮没"，即个体主体性的"自由"实践。

2. 意义与意义感

"人的存在从来就不是纯粹的存在，它总是牵涉到意义。意义的向度是做人所固有的。"① 因此，谈及人的存在，必然谈及"意义"。

在哲学领域，意义是作为人类的本质这一高度进行探讨的。"人之为'人'的本质，就是一种意义性存在、价值性实体。人的生存和生活如果失去意义的引导，成为'无意义的存在'，那就与动物的生存没有两样，这是人们不堪忍受的。"② 如此而言，对意义的追寻，是人的生存方式。

也有不少哲学家从语言和逻辑的角度出发讨论意义问题。奥格登与理查兹在《意义的意义》一书中，将意义视为"语言的中心问题"。在分析哲学系统中，对意义的研究也大多侧重于对语言及其含义的逻辑分析。弗雷格、罗素、维特根斯坦、赖尔、奥斯汀、戴维森等学者都不同程度上对语言的意义和语言的逻辑进行了分析。相对而言，现象学—解释学对意义的解释往往涉及意义的观念（意识）维度和文字意义。例如《传播学》中，将"意义"界定为"人对自然或社会事务的认识，是人给对象事物赋予的含义，是人类以符号形式传递和交流的精神内容"。这一界定几乎将一切精神内容囊括其中，包括意向、意思、意图、认识、知识、价值、观念等，均为意义。对本书来说，这一较为广泛的

---

① ［美］威廉·赫舍尔：《人是谁》，夏丏尊译，贵州人民出版社1988年版。
② 高清海：《人就是"人"》，辽宁人民出版社2001年版，第213页。

意义概念不适用于集中到个体的主体性分析和判断之中。

哲学家海德格尔认为意义与"此在"相关。海德格尔强调此在的生存性，他对意义的理解也与能够体现个体存在的"畏、烦等内在体验"相联系——意义是个体"存在""现身的必经途径"①。学者将对意义的追问与人类个体的情感体验联系在一起。

随着哲学家们对人类生活世界的关注，"意义感"以及相对应的"虚无感"等概念开始被频繁使用。不少学者都曾经认为：由传统文化所建构的意义世界的解体，是现代人丧失精神家园的根本原因。丧失精神家园，陷入存在性危机，与"自然""社会"及"上帝和人自身"产生疏离，是一种深刻的"虚无感"——人们丧失了支撑其生命活动的价值资源和意义归宿。②之所以陷入如此的虚无困境，不少学者都认为是由于现代社会中人的独立性基于"物的依赖性为基础"，对物的过分依赖和追求导致了人自身的物化。现代社会的复杂多变和瞬息万变导致这一"物质的依赖性"是非常不可靠的基础，人的独立性难以长久，人的意义感陷入虚无状态。马尔库塞说，现代技术的大发展带来了物质的工具化；于是技术和工具化的物质反而变成了对人的解放的障碍；技术和物质的工具化带来人的工具化，人逐渐成为心灵空虚的、单向度的人。这些论述，意在揭示现代社会的潜在弊端：当人们把生命的意义与价值置于纯物质性，例如金钱、财富这种本身并无价值的"符号"基础上时，无疑只会让人由于缺少足够的独立性而产生一种灵与肉撕裂分离的碎片感和空虚感。这些对虚无感的分析能够帮助我们理解意义感的内涵，即意义感在于存在感。若要获得意义感，必然在抛弃工具化的基础上，获得足够的独立性。

正如海德格尔所言，意义与存在紧密相连，更具体地说，意义与个体的内在体验相联系。如此界定：意义是个体对自我存在以及自我对生活世界的价值体验相联系的结果。如杨国荣所界定的，意义感是人支撑其生命活动的价值资源和意义归宿，就广义而言，它既涉及对存在（包

---

① ［德］海德格尔：《存在与时间》，陈嘉映、王节庆译，生活·读书·新知三联书店1987年版。

② 孙志文：《现代人的焦虑和希望》，生活·读书·新知三联书店1994年版，第82—83页。

括人自身之"在")的理解，也以对世界的价值规定为内涵。① 与意义感紧密联系的，是意义如何生成的问题。

3. 意义的生成

马克思曾经从主体角度对意义进行了论述："对于不辨音律的耳朵来说，最美的音乐也毫无意义，音乐对它说来不是对象，因为我的对象只能是我的本质力量之一的确证，从而，它只能像我的本质力量作为一种主体能力而自为地存在着那样对我说存在着，因为对我说来任何一个对象的意义（它只对那个与它相适应的感觉说来才有意义）都以我的感觉所能感知的程度为限。"② 可见，所有的意义都是以"我"的感觉为限，即意义的生成前提条件是主体自我以及与主体自我相伴生成的价值体验。

意义的生成首先是个体实践活动的产物，其次还需符合个体目的需求，即合目的性。合目的性活动，是人类特有的活动形式。合目的性的活动有时候是个体在环境选择压力下不得不采取的活动；合目的性的活动也可以具有能动性，即体现主体自我内在生存和发展需要的自发活动。从这个角度出发，杨国荣认为，主体的合目的性活动既要指向"体外"——适应外部环境，又要指向"自身"——自发目的。主体拥有对主体目的性活动的自觉，因此主体的生命活动与其合目的性活动并不同一。个体凭借对自己生命活动的自主支配，获得主体性和自由践行，于是主体能够按照自己的目的改造外部世界，从而创造一个与"个体存在"相联系的对象世界。"意义"就这样得以在主体明确的目的性活动之中产生。正是因为拥有这种目的性的自觉，人类能够在生存与生活基础上追求更高层次的"意义"，从而有机会超越生命的有限，趋向崇高和超越。

由上可以发现：意义的存在首先需要主体性的觉醒——自主支配"目的性"。在此基础之上，主体自我展开自由实践活动，从而创造自我与对象世界的联系，生成"意义感"。

杨国荣教授在其著作《成己与成物》中指出，"有本体的个体"的

---

① 杨国荣：《成己与成物：意义世界的生成》，人民出版社 2010 年版，第 7 页。
② ［德］马克思：《1844 年经济学哲学手稿》，《马克思恩格斯全集》第 42 卷，人民出版社 1979 年版。

真正存在具有"成己与成物"两个意义生成的路径。"成物"首先体现在个体及个体的需要，从而呈现出某种外在性；"成己"主要表现为人自身的存在，以人自身的达成为目标，更多体现了内在主体意义。可以说，在成己的过程中，人既是意义的体现形态，又是追寻意义的主体；意义的生成，同时表现为意义主体的自我实现。对于现实中具体的个体而言，成己与成物可能会朝向不同的方向发展。若以世界的认识与变革为内容，成物可能成为人走向对象的过程。另外，若以成就自我为价值理想，成己的过程容易导向仅关注个体生存、沉于内向的精神追求等。生成有实质的意义需要价值层面的意义与目的性活动之间的紧密联系。依照这一分析，对于教师个体而言，成己的过程中，教师主体性得以明确，教师能够体察到个体在其职业生活中的存在，同时能够体察到个体在主体性践行中的价值。在成物的过程中，人的主体性得以践行、实现成己。

综合众多学者的研究，意义感生成需要三个条件：首先，需要"存在"主体性；其次，主体性能够得以实践；最后，个体对其主体性实践的过程和结果产生认同。对于教师个体来说，在学校场域内，其职业生活意义感产生的重要条件是这样三点：教师的主体性拥有一定的存在空间；同时，学校存在教师个体践行主体性的路径；教师个体的主体性价值获得认可。

4. 意义感缺失

从每年经济发展报告的统计数据中可以看出，当代人类生活的条件要远远强于以往。但是，生活条件只是生活的前提、生存的前提，生活条件的丰富并不意味着生活本身的丰富。而意义、意义感指向的则是个体生命、生活自身。从生活前提到生活本身，其中要完成一个重要的环节，就是人类自身对意义的创造和生成。有学者认为：生产商品就是创造价值，创造价值就是创造快乐与幸福。但这无疑是把人的快乐与幸福还原为物质需要的极大满足。结果必是造成一方面"商品的庞大堆积"，另一方面是无助、无奈与无聊。因此，有学者断言：无意义感（意义感逐渐丧失）将成为 21 世纪的最根本问题。

现代社会比古代社会有着更完善的机制，比如无处不在的管理系统、程序更严格的法律以及严格界定的权利等，但现代生活却形成了人性难以忍受的莫名的焦虑。赵汀阳认为，这种焦虑是关于生活意义本身的"形而上"的焦虑，成为空虚的、没有对象的焦虑。因为这种现代性的空虚、意义感的缺失逐渐成为吞噬心灵的恶魔。吉登斯也曾经直言不讳地断言："在晚期现代性的背景下，个人的无意义感，即那种觉得生活没有提供任何有价值的东西的感受，成为根本性的心理问题。"学者们描述的这种形而上的焦虑和无意义感恰是本书所描述的教师个体对职业生活的意义感缺失的具体表象。

在这里需要说明的是"缺失"一词包含两个基本内涵：缺少和失去。应该说对生存的意义、生活的趣味不可能在"一日之间"发生从完全"有"到完全"无"的转变，而更可能是从有到无"渐渐发生"的过程。"缺少"一词可以指处在缺少状态的意义感，"失去"则意味着意义感已经消失的状态。

四　研究的思路及结构

如前所述，对于教师个体来说，在学校这一职业生活场域下，其职业生活意义感产生的重要条件是这样三点：教师的主体性拥有一定的存在空间；教师个体践行主体性；教师个体对其践行及践行结果产生价值联系（认同）。简言之，主体性存在需要三种条件：存在空间、践行空间、价值空间。

笔者对 Z 小学实施实地观察和问卷调查，试图研究分析教师个体主体性在学校场域内的觉察和践行情况。分析和研究集中在探讨教师个体在学校组织内是否能够获得其主体性的自觉和自由。

本书的基本研究假设是，由于学校组织制度和管理模式存在一定的"设计"缺陷，教师个体的主体性不能够在教学实践、组织生活以及制度安排中得以实现，教师个体职业意义感缺少生成的路径和空间。这在研究者看来，主体性和意义的生成正是广大一线中小学教师能够积极参与学校教学、从教学中感受积极意义的根本动力。[①]

基于这些梳理和讨论，本书主要分三章对教师个体职业生活意义感的缺失现象展开分析。

---

① 需要说明的是，主体意义感的生成，并不是只能仰仗学校教育的力量（例如赋予主体以践行空间）。主体具有能动性，完全可以通过个人的"努力"，例如个人信念的力量等来持续实现意义感，又或者将职业生活的意义感建构为其他力量，等等。出于研究需要，本书只关注学校在教师个体职业生活意义感生成中的作用。

　　首先，意义感生成的基础条件是教师个体主体性的"存在"。主体性的存在需要教师个体对自身主体性的觉醒。第一章基于问卷调查数据说明Z小学教师对主体性的认同以及认识状况；在此基础之上，结合学校组织的组织属性来分析教师个体主体性的存在情况。

　　其次，意义感生成的必要条件是教师个体主体性得以"践行"。个体主体性的发挥需要践行空间和践行路径。第二章分析了学校制度规范确立的践行规则，来考察教师主体性的践行空间。

　　最后，意义感生成的重要条件是教师个体对其主体性践行产生价值认同。学校对教师个体的纪律安排以及量化考核是对教师个体主体性价值的认定。① 第三章分析了学校制度对教师个体主体性价值认同情况。

　　在这三章分析的基本结论基础上，本研究第四章尝试对学校组织的组织和制度建设提出一些改革建议。具体的研究结构见图1-2。

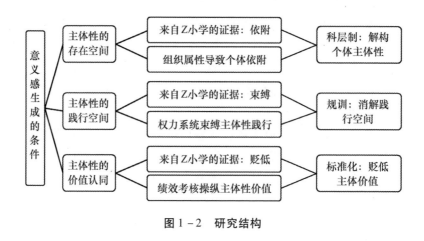

图1-2　研究结构

---

　　① 必须补充说明的是，教师个体对自我主体性的价值认同不一定基于学校的评估考核。这大概也能够说明，为什么在同一学校场域内，有的教师个体受到评估考核的影响大，而有的个体受到的影响小。

第二章　个体主体性的存在空间

如前文所述，意义感生成的基础条件是教师个体主体性的"存在"，且个体对自我能够自觉其存在，即主体自觉。如吉登斯所言，个体对自我的认识和理解是"依据个人的经历"的反思理解到的"自我"。① 也就是说，个体是需要生活的经历和反思才能够形成主体性。因此，可以通过了解教师对其职业生活、职场经历的认识与反思来理解教师个体对自我主体性的认识，即主体性的存在情况。教师个体的职场经历及其反思很难通过短期的参与式观察完成研究。如果对教师个体展开深入的访谈，极有可能出现的情况是，教师在访谈中讨论的是自己对主体性的认识、对主体性存在的认识，而并非其主体性存在的情况。同时，如同吉登斯所言，个体主体性在其日常生活中最直接的表现就是具有自在性质，也就是并不以自觉把握为内容，而是在日常生活中表现出的习惯性行为。因此，若要分析 Z 小学诸位教师的主体性存在情况，本书选择通过问卷调查教师们在日常生活中的习惯性行为来完成资料收集。

本书对教师个体主体性存在的考察主要围绕两个方面：其一，基于职业日常生活；其二，对自在的习惯性行为加以考察。因此，本章对教师个体主体性的具体分析将主要围绕两个方面展开，一方面是教师对职业身份的理解和认识，另一方面是教师对其日常生活的理解和认识。

第一节　Z 小学教师个体主体性的存在

本书主要通过问卷调查的方法来了解教师个体主体性在学校日常生

---

① ［英］安东尼·吉登斯：《现代性与自我认同》，赵旭东、方文、王铭铭译，生活·读书·新知三联书店 1998 年版；吴玉军：《现代社会与自我认同焦虑》，《天津社会科学》2005年第 6 期。

活中的存在情况。通过对当前研究的梳理以及小学教师职业生活的观察，本书将学校的日常生活分为三个部分：其一是教学日常生活；其二是组织日常生活；其三是非制度的人际交往日常生活。分别围绕这三个部分，设计了重要的指标进行资料收集，以了解主体性的体现情况。

一　调查 Z 小学教师的主体存在

本书对教师个体主体性的了解，涉及职业理解、职业生活投入、人际关系投入等方面的存在状况，具体来说包括"教师职业""私人关系在工作中的联系""同事关系的认识"等重要指标。

1. 问卷设计的基本情况

本问卷采用定序分层的原则设计了题目选项，以确保可以采用单因素方差分析过程进行数据处理和分析。

例如 W03. 在您看来，在学校的教师工作与其他工作有什么不同？选项有四个：1. 没什么不同，都需要尽心尽力；2. 有一点不同，教师要打交道的对象是"人"；3. 有较大不同，教师几乎没有"卸任"的时候；4. 完全不同，教师是非常消耗心神的工作。四个选项从 1 到 4，四个选项之间具有的区分度可以适用定类变量、定序变量和定比变量的分析路径。

问卷的题目共涉及四个方面。其一，基本信息，包括性别、教龄、学历、个人的婚姻情况、居住情况、子女情况、家庭情况以及从事工作内容。其二，为了考察教师对其个体的存在认识，设计了教师对个人及其个体性格职业意义的认识和判断，包括对个人性格、同侪关系、对工作和职业的看法，等等。其三，为了考察教师主体性的存在情况，设计了个人在职业中的投入情况的问题，包括个人感情、个人精力、个人事务在职业中的投入等。其四，为了进一步展开相关访谈、了解教师在学校的组织生活情况，设计了教师对学校内社会地位的认识和理解。问卷题目具体见附录 1。

Z 小学有 89 名教师，问卷发放 80 份，回收 51 份，有效问卷 49 份，回收率为 64%，有效回收率为 61%。鉴于本问卷题量较大，回收率均可以接受。具体的分布情况见附录 2 的表 2 - 1（简称为附表 2 - 1）。①

---

① 本书中所涉及的表格均基于探索教师基本情况时发放的调查问卷，数据仅作为进一步的访谈和参与式观察辅助使用。一些数据表格作为附件整理在附录 2 中，均简称为附表 2 系列。

在全校范围发放问卷，从回答教师工作内容这一题目来看，样本分布符合学校实际组织结构人员分布的基本情况，样本代表性得到一定保证。

2. 问卷调查的数据结果

Z 小学教师的基本信息情况在这里就不赘述了。下面围绕本研究假设，将重点数据发现进行说明。

（1）教师对职业的认识和判断

将教师工作比喻为什么代表的是教师个体将其主体性在教师职业中的意义的认识。表 2 - 1 将教师类型与教师对职业比喻的理解做列联表格。

表 2 - 1　　　　　教师工作型与教师职业比喻单因素方差分析结果

		教师类型		合计
		教学型	非教学型	
教师职业比喻	灵魂的工程师	10	9	19
	教书匠	5	2	7
	蜡烛	11	4	15
	和尚	1	0	1
	其他	6	1	7
合计		33	16	49

将正向和负向（积极意义的"灵魂的工程师"以及消极意义的"蜡烛"与"和尚"）之间的评价与教师的具体工作类型、教师的性别、教龄等相关特征均进行比较。数据显示，教师的学历以及教师的工作类型与职业比喻之间存在显著相关。基于数据可以思考、进一步观察不同学历的教师、从事不同工作类型的教师对教师职业的职业价值和教师职业中的个人价值是如何界定和理解的。

（2）教师个人对职业的投入情况

教师个人在职业中的投入情况，包括个人感情、个人精力、个人事务在职业中的投入等。

第一点，教师个人性格与工作关系的理解和认识情况。

教师对是否认为性格与工作之间存在关系这一问题的回答，能够反映出教师个人对其人格特征在工作中体现的界定和描述。

数据显示，教龄对教师个体的认识之间存在显著相关。通过列联分析①，可以发现：教龄越长的教师，对其个体性格在教学中的意义和作用更多持肯定和积极的认识。

与这一点相联系的，是教师对家务事情绪的态度。教师们普遍认为应该努力避免将家务事情绪带入工作。结合个人性格认识、家务事认识两组数据对第三个变量（工作认可态度）进行简单的数据分析，显示对性格的态度、对家务事的态度与教师对其工作的认可程度这一变量显著相关（见附表 2－5 和附表 2－6）。从数据上显示教师个体对家务事情绪对工作的影响和价值持否定态度。

第二点，教师私人关系与学校关系的认识情况。

经过数据分析，教师在什么情况下将私人关系用于学校环境这一变量与教师本人对同事之间关系的界定存在显著相关，见表 2－2。这能够充分说明，教师对其个人在职业中的投入是一种稳定的倾向性：更愿意将私人关系用于学校的教师，往往将个人的情感、个人的价值自然地在职业环境中流露，更有可能在学校中发展私人的人际交往关系。

表 2－2　　　　私人关系运用与同事关系界定变量间方差分析结果

	方差和	自由度	均方差	F 值	显著性
组间	27.699	4	6.925	2.709	.033
组内	357.929	140	2.557		
合计	385.628	144			

与这一数据结果相适应的是，教师在什么情况下将私人关系用于学校环境这一变量与教师本人与同事之间是否谈论私事的态度之间同样存在显著相关。

（3）教师对其工作重要性的理解和认识

几乎全部教师认为其个体的工作具有重要性。48%的教师认为这一重要性主要由于工作本身很重要，还有约 50%的老师认为是个人的投

①　具体数据表格见附录 2、附录 3。以下在附录中出现的具体数据表格不再赘述，仅标注表格编号。

入和能力（附表2－7、附表2－8）。

数据分析发现，教师工作的内容与其对工作重要性理由的认识倾向性存在较大的相关性（附表2－9、附表2－10）。从事教学工作的教师对自己的能力投入和精力投入拥有更多的认同和认可。

同样，在重要性依据这个问题的态度上，教师们的选择比较趋于一致，75%的教师认为工作的重要性来自于"学校很重视、投入多、管理严"，另外20%的教师认为来自其他原因（附表2－11）。

（4）教师对学校内人际关系定位的认识

教师对学校内人际交往的理解和认识，很重要的一个部分是教师个体对学校内社会地位分层的认识和理解。

方差分析显示，教师的教龄并不影响其对校内社会地位分层的认识和理解。数据显示，教师个体所从事的教学工作与社会关系定位有关（附表2－11），教师从事的具体工作，例如是主科教学还是副科教学等，对个体的社会关系定位存在显著相关。

进一步分析教师对其社会阶层地位定位与其教学行为之间的关系，教师个体在组织内的地位与其制度遵守选择行为变量间存在显著相关（附表2－12）。

在数据分析中，发现教师对其学校社会地位的认识与教师的价值体现欲望（私人关系运用、进修意愿等）也存在显著相关。数据汇总见表2－3。

表2－3　　社会关系定位与价值体现态度之间方差分析结果

		方差和	自由度	均方差	F 值	显著性
金点子处理	组间	20.137	4	5.034	8.720	.000
	组内	75.628	131	.577		
	合计	95.765	135			
满意教师工作	组间	78.167	4	19.542	5.052	.001
	组内	506.766	131	3.868		
	合计	584.934	135			
管理制度看法	组间	24.892	4	6.223	5.551	.000
	组内	150.230	134	1.121		
	合计	175.122	138			

续表

		方差和	自由度	均方差	F 值	显著性
动用私人关系	组间	63.056	4	15.764	6.989	.000
	组内	302.253	134	2.256		
	合计	365.309	138			
主动要求	组间	31.607	4	7.902	5.010	.001
	组内	206.628	131	1.577		
	合计	238.235	135			

二 Z 小学教师主体存在的数据结果

问卷数据显示，教师主体在职业生活中的存在主要体现在四个方面：教师对自己的职业角色有什么样的理解和认识；教师个体私人生活在职业生活中的介入情况；教师对个体教育工作的认识以及教师对自己在学校职业生活中所处状况的认识。这四个方面仅仅作为教师个体主体性存在的重要标志加以考察。简单梳理问卷调查的数据情况，主要结论有以下几点。

1. 教师个体对个人职业的看法倾向于使用更加具有"牺牲精神"的词汇来进行界定，例如教学型教师①将教师更多比喻为"蜡烛"。同时，数据显示，教学型教师更倾向于将教师比喻为不需要个体价值努力的"教书匠"。

2. 能够反映教师个体的私人关系、私人情感等在职业生活中投入情况的几项数据显示：教师普遍反对将私人情感投入职业生活；教龄对教师个体性格的认同有显著正相关关系；对个体在学校价值有较高认同的教师，则倾向于在学校建立私人关系和展开人际交往。

3. 数据显示，从事不同的工作对其在学校组织中的社会地位定位存在显著相关，主科教师在学校中拥有较好的社会关系地位，相应也拥有较好的人际交往关系。同时，数据说明，教师的社会地位定位与他们的价值体现欲望（私人关系运用、进修意愿等）也存在显著相关。社会阶层的位置与其对学校管理者以及制度的实际遵循情况（是否选择找

---

① 本书结合 Z 小学的实际情况，将主要工作职责为课堂教学、承担教学任务的教师称为教学型教师。

领导请假）之间也存在显著相关。

4. 教师普遍倾向于认为本人工作具有重要性，但在重要性的理由上存在一定差异。主科教师更倾向于将重要原因定位在"本人对工作认真负责"，这是一种自我的价值判断取向，体现出对个人主体性价值的强烈认同。

5. 在众多影响因素中，能够反映"教学经验"的教龄变量在教师个体的各题目选择中表现出的影响力较为有限。在社会关系定位、制度认同情况、价值体现情况等几个方面并没有显著性差异。

6. 在具体的问卷中，后勤部门负责人将自己描绘为学校社会阶层中的底层、中下层。与此相对应的，也有不少教学型教师在连线学校社会阶层等级时，将后勤相关人员定义为学校阶层中的中下层、底层。

第二节　主体性存在的依附

一　Z小学教师主体存在情况

围绕前述四项主要指标，Z小学教师的主体性主要表现为以下几个存在特点。

1. 个体的"牺牲"价值。

Z小学的数据显示，教学型的教师更倾向于将教师比喻为缺少个体价值体现的"教书匠"。对教师个体来说，教学型教师将教师更多比喻为"蜡烛"意味着教师个体对个人职业的看法倾向于一种"牺牲"行为。

恰如赵汀阳所言："假如把牺牲行为看成是只对别人有意义而对自己毫无意义的行为，这恰恰意味着自己只不过是一件工具而不是一个显示着人的价值的人，如果一个人自身是无价值的，那么他所做的牺牲也就成为无道德价值的贡献。"[①] 套用这一点，可以认为，正是由于缺少对个体教学行为对自己的意义的理解，教师才会倾向于将自己的教学界定为"教书匠"，教师个体"燃烧自己（蜡烛）"的牺牲行为恰恰说明了教师个体对主体价值的认识显然是远远不够的。

2. 个体的投入程度。

当讨论一名教师对其职业、职业生活积极投入的时候，往往看到的

---

① 赵汀阳：《论可能生活》，生活·读书·新知三联书店1994年版。

例子是：教师常常花费很多自己的课后时间辅导学生，或者是这个老师想尽各种办法为学生排忧解难，或者是教师积极热心参加学校的各项活动、为这些活动出谋划策，等等。体会这些生活场景，我们可以说，讨论个体在职业生活中的存在时，可以通过调查教师个体的私人关系、私人时间、私人情感等在职业生活中的投入情况来加以体现。

Z 小学的问卷数据显示，教师认为家务事（私人生活）和私人情绪不应该带入学校、带入工作。在职业生活场域下，人为割裂私人生活个体与职业生活个体之间的情绪联系，从主体性角度上来看，是缺憾的"存在"。

Z 小学的数据也显示，随着教龄的增长，教师逐渐发现个体性格与个体职业生活之间密不可分的关系，这也反映出，随着职业生活经历的增长，教师已经意识到私人生活个体与职业生活个体之间密不可分的关系，从主体性角度来看，是个体"自在性"在逐渐形成。同时，Z 小学的数据显示，对个体在学校价值有较高认同的教师，则倾向于在学校建立私人关系和展开人际交往。这也从另一侧面佐证了私人生活个体与职业生活个体之间的正相关关系。

上述分析也进一步引发了这样的思考：为什么个人情绪和情感在职业生活中的投入会呈现较为明显的缺失？①

3. 个体社会关系定位。

个体对自己社会关系定位的理解在一定程度上体现个体对自我价值的认识和理解，对于个体主体性的存在来说，具有重要参考价值。数据显示，Z 小学的教师普遍认同主科教师在学校中拥有较高的社会关系地位，主科教师也如此理解自己的社会关系位置。同时，数据也反映出，主科教师倾向于认为自己拥有较好的人际交往关系。可以推论，教师个体所从事的具体工作较大程度影响着其职业生活的质量。同时，教师们较为认可较高的社会地位更可以期待运用和利用更多的资源，学校的规章制度的约束力也弱一些。

结合数据和日常观察，可以发现，较高社会地位的教师个体，不管

---

① 在本书看来，根本的原因在于：教师个体的情绪和情感是规章制度中明确被排除或贬低的，而相对来说，个人教学风格在教学经验累积、教学理论应用等活动中是被尊崇的。这一点在本书第三章将有详细说明。

是他们自己，还是周围同事，普遍认同社会地位决定教师个体的权力、决定教师个体价值。

4. 个体工作的重要性。

教师普遍认为自己的工作具有重要性，但在重要性的理由上存在一定差异。主科教学教师更倾向于将重要原因定位在"本人对工作认真负责"，这是一种自我的价值判断取向，体现出对个人主体性价值的强烈认同。而副科以及其他岗位教师更多将重要性的理由定位在所从事的岗位上。

结合前面的数据，能够发现 Z 小学的主科教师有着较好的个体主体性理解，也能够认识到个体主体性的价值。

5. 职业生活经历的意义。

不少研究表明教龄变量对个体主体性的存在具有较强意义。但在针对 Z 小学的数据调查中并没有显示出这一倾向性。当教龄作为自变量进行分析时，社会关系定位、制度认同情况、价值体现情况等变量的关系分析都没有显著性差异。这表明教师个体对一些问题的理解和认识，并没有由于其职业生活经历的变化而产生变化。如前所述，个体主体性具有实践性，如果多年的职业生活实践并没有改变教师个体对其主体价值、社会关系定位、价值体现等一系列问题的理解和认识，实际上更加促进我们需要去反思教师个体主体性的存在和价值了。

二　教师主体性存在的依附状况

前面已有分析，Z 小学教师普遍并不考虑个人的性格与职业之间的关系（尽管他们基本都承认个体与职业存在一定联系），同时极力压抑个体与职业劳动之间的冲突和联系，反映出教师个体主动或被动地与职业身份剥离的倾向性。

教师个体的主体性在其对职业的理解和认识中被主动剥离，在笔者看来，是由于个体的依附性带来的主体性缺失。在一些教师身上体现出来的，是主体性的自觉严重不足。

另外，在现实学校中，教师个体对职业的认识和理解是多元的、多层次的，而学校的正式制度（聘任和晋升制度等）与校长负责制的管理方式以及传统的终身聘用现象是并存的。在 Z 小学，聘任制度服务于校长负责制，于是校长本人对学校组织的科层性质或半科层性质或单位性质的理解和认识决定其管理风格，而校长的管理风格转而成为一种"制度力量"，往往在教师个体对职业身份的界定中具有重要参考价值。

教师个体对其职业劳动内容和范围的理解和认识依附于学校制度要求，教师个体对管理制度的遵守依附于校长的管理风格，教师个体对其自身晋升和职业规划依附于学校的政策导向，教师个体的职业惯习依附于规章制度的变迁。

首先，规章制度明确地规定了课堂教学的具体要求。

在这里，以《南京市中小学教学常规管理手册》为例说明。手册中规定了教师课堂教学的基本要求："教师在课堂上应做到仪表端庄，语言规范，板书设计合理，书写工整，实验操作正确熟练。严格按学校课表上课，不得擅自调课、停课，不得擅自推销教辅资料，准时上下课，并举行必要的仪式；上课不得无故离开教室，不做与教学无关的事。教师要尊重学生，不讽刺挖苦学生，严禁体罚与变相体罚学生，严禁在学生中传播有害学生身心健康的信息。"①

为了保证这些教学常规的严格执行，各个地方行政机关一般都会配套设计教学常规检查细则，尽量将教师的教学常规行为进行量化，通过学校的考核评估工作实现监督管理。以《山东省普通中小学管理基本规范》（鲁教基字〔2007〕20 号）为例说明。《基本规范》第 27 条和第 28 条，都明确规定了对教师考核的基本要点："综合考虑师德表现、工作态度、专业发展、工作量、工作难度和工作实绩等方面科学评价教师工作。"在这一原则的指导下，各地方教育行政机关一般设计具体的考核评估细则。在细则中，涉及职业道德、业务能力、出勤情况和工作实绩等四个方面。而上述的四项内容中，占分量最大的是教学常规的表现、教学阶段评估（实质上是学生的测验或测评成绩）。

其次，中小学教师的职业晋升依赖于学校的制度规定。

我国中学教师的职称体系从低到高分别为：中学二级教师、中学一级教师、中学高级教师和中学特级教师四个等级；小学教师的职称序列从低到高有小教二级教师、小教一级教师、小教高级教师和小教特级教师四个等级。以中学教师为例，大学刚毕业的新教师原则上有一年的见

---

① 《南京市中小学教学常规管理手册》，http：//www. nj13z. cn/show. aspx？cid = 35&id = 135。

习时间，并不评定职称，或者自动评定为中学三级教师。在工作一年之后，自动评为中学二级教师。工作五年之后能够有资格参评中学一级教师（中级职称）；工作时间未满五年可以提出破格参评。在评定为中学一级教师之后，再过四年可以有资格参评中学高级教师，同样未满四年可破格参评。一般情况下，特级教师是荣誉职称，评选给即将退休或在教师岗位上工作相当长时间（往往至少 30 年）的教师。

目前，我国职称岗位定编到每个学校，一般是由各级教育行政机关划拨职称指标，直接到各个中小学。教育行政机关往往根据学校现有教师人数，制定一定的比例来确定职称名额和晋级指标的分配。名额下放到学校之后，由学校按照其实际情况进行评定。但由于职称的岗位定编分配形式，不少学校的教师往往需要等待相当长的时间才能够真正参评。因此，中小学一般都会在校内拟定参评程序和参评条件，这些程序和条件必将成为校内重要的规章制度。

最后，教师在职教育资源同样由规章制度决定。

以《江苏省中小学教师进修暂行办法》（苏教规〔1997〕3 号）为例，江苏省规定由省教育行政部门主管全省中小学教师进修工作。主要职责是："制定全省中小学教师进修规划和政策；负责省级中小学教师进修培训基地建设，建立和完善培训网络；制定并组织实施中小学教师进修考核和评估办法；监督、指导市、县（区、市）中小学教师进修工作。"（第七条）同时，《暂行办法》在第八条又规定："市、县（区、市）人民政府教育行政部门在省教育行政部门指导下制定本地区中小学教师进修规划与政策，负责本级教师培训基地建设，保证教师进修培训经费，根据分工实施教师进修计划。"

在第十八条又规定："经教育行政部门和学校批准参加进修的中小学教师，学费应在进修经费中支付，差旅费应在任职学校业务经费中按有关规定支付。进修期间，其职务评聘、工资晋升、住房分配等与其他教师享受同等待遇。"

在这些具体的规定中，能够清楚地看到：教育行政机关通过建设进修培训基地来满足中小学教师的进修机会；同时由市县地方教育行政机关保障进修的经费；中小学需要保障其进修的经费以及相关待遇福利；同时，省教育行政机关负责进修的考核评估，能够从根本上保障教师进修机会的获得。在不考察进修机会质量的前提下，应该说教师进修机会基本能够得到相应的制度保障。

类似的管理规定还有很多，可以说，整套的制度规范基本上"决定"了教师对自我的教师身份的确定、教师行为的确定、教师职业操守的确定，简言之，就是决定了教师个体认为自己的职业是一个什么样的职业，自己在职业中应该如何具体表现。

第三节 组织属性导致个体依赖

一 学校的科层组织属性

《学校：科层组织还是松散联结》[①] 一文总结了与此相关的三种理论：有的学者认为学校组织的本质是科层体制组织；还有不少学者认为学校组织属于松散联结系统；更多的学者认为学校组织具有双重系统的性质，即同时具有"科层体制"和"松散联结"两种特性。文章认为，"理想的组织形态是教学部门松散联结，行政部门以'尊重个人'的科层体制运作方式"。除此之外，也有学者认为学校组织内除了科层组织的"自上而下"的管理系统之外，还存在一种由下而上的隐性管理、即教师对管理者的管理。[②] 在这些对学校组织的探讨中，可以发现学校组织与科层体制系统存在不一致的现象。

在笔者看来，虽然学校组织内对教师职业行为的规章制度的最终目标只有一部分是为了实现当下这一学校组织的组织目标，还有一个不能忽视的部分是学校本身或教育事业本身所具有、从传统而来、从本质而来的公益性和社会文化性。但是，当前人们对学校组织目标的期待和要求基本出于对一个科层组织的目标要求。因此，即便学校组织从事的是教育教学活动，作为现代学校教育制度组成部分的中小学校，是按照科层制的组织原则建设的。

对于一位教师而言，也许他的具体劳动局限在某一学校组织范围内，但是这一身份所蕴含的"教书育人"等价值目标并不是完全通过规章制度以及科层组织目标的强化来确定获得的。学校组织的组织目标所必须体现出的教育性、道德性以及公益性等是由这一学校组织所从事

---

① 张遂州：《学校：科层组织还是松散联结》，《河北教育》2006 年第 5 期。
② 赵树民：《学校科层组织中的管理双向性问题探析》，《中国外资》2011 年第 9 期。

的"教育"实践活动本身所带来的。教育实践活动的发展历史以及特点要求发展的历史要远远长于现代学校组织。这一历史早已成为社会传统文化的一部分，成为每一个社会中的人，不论他是否是学校组织的成员之一，都预先形成了对于教师职业劳动、教师职业生活、教师形象、教师身份以及教师与其他相关组织成员的交往之类的价值和认识。这就使得科层组织内教师成为完全的组织成员的过程将具有强烈的"教育"特点。也因此，在学校教师个体很难完全服从学校组织的科层组织目标，作为教育教学主体的教师，其主体性具有存在的必要性。

同时，在学校组织范围内，教师们所从事的教育教学行为带有一定的"专业性"。因此，教师的教育教学活动除了受到学校组织层面的评价和管理之外，还受到其专业范围的评价和管理。从事实和经验上来看，除了有所谓上下级的等级关系之外，拥有技术和能力、能够表现出较强教育教学能力的非管理人员在学校内往往在等级关系中处于上层。

考虑众多因素，多数学者都赞同学校组织属于有限的科层组织。因此，还需要从其他组织属性的角度去分析、探讨学校组织生活，分析教师在组织生活中的境遇。

二　学校的单位组织属性

从我国的学校组织的制度传统来看，始终没有脱离传统的中国特色的单位组织属性。

不少学者都注意到单位这一特殊的社会生活空间，展开相关分析。《单位：一种特殊的社会生活空间》一文认为，在单位空间，单位组织与个体之间形成的是一种特殊的"保护—束缚"机制。[①] 所谓保护—束缚机制，指的是组织内成员所需物质性和社会性资源基本都能够通过单位，或在单位获得，单位组织能够提供基本的保护性环境。但是相应的，由于组织成员所需的资源几乎只能通过单位这一种途径获得，就会极大限制其自主选择生活的权利与机会。因此，单位内部容易成为封闭、狭隘的社会生活空间。在共同的、封闭的生活空间中，只能产生依附性人格，最终导致创造性活力的日趋枯竭。

---

① 揭爱花：《单位：一种特殊的社会生活空间》，《浙江大学学报》（人文社会科学版）2000年第5期，第76—83页。

从此文所描述的单位组织特征来看，学校作为一种特殊的社会生活空间，即便在今天，也具有较强的"单位"组织属性。

1. 作为唯一或主要的资源供给者。

学校作为现代教育体制的重要组成部分，由国家按照相关管理条例设置并加以管理。国家或上级主管部门的正式制度决定和规范决定着学校的功能、活动范围和管理权限等。学校组织运行所需的资源也由正式制度体系统一调配。以 Z 小学为例，按照我国的单位组织类型划分，学校属于事业单位，全部的经费等资源由教委统一拨发，招生范围由教委统一核定，教师的工资发放主体为政府相关部门。教师的科研经费、进修名额等其他资源也由教委等相关政府部门调配和调控。

2. 组织与个人之间的行政关系。

当代学校作为教育系统中的一个组成部分，与上级主管单位——教委之间，是行政性的而非契约性的关系；同时，学校组织与学校内的绝大多数职工之间的关系也是行政性关系为主。所谓行政性关系指的是单位被纳入国家行政序列，具有一定的行政隶属关系和相应的行政级别。作为行政单位，其实质是国家行政组织的延伸和附属。其中最重要的标志是：单位组织的负责人由上级单位任命，单位内部职工的人事关系同样由上级单位管理，由单位组织实施具体管理。对于"上级行政单位"的管理条例或者行政命令，下级行政单位应该且必须无条件地服从。

目前，我国中小学校虽然部分学校与教师之间采取的是聘任制、签订聘任合同，但是几乎全部义务教育阶段的"正式教师"的个人"档案关系"等均存放于学校所属的上级主管部门——教委的相关部门。教师个体的入职和离职在事实上是参照公务员的管理模式展开的。尤其是最近几年，免费义务教育政策的坚决推行和教师工资制度的深化改革，在客观上，已经实现教师个体与学校单位之间的关系更多表现为行政性的而非契约性的。

3. 单位组织执行"政府职能"。

在当代学校组织，除了要履行"教书育人"的专业组织职能之外，还需具有经济、政治、社会等多方面的功能，在事实上起到政府职能的作用。[①] 对于学校校长来说，计划生育、环境卫生、职工生活、职工思

---

① 路风：《单位：一种特殊的社会组织形式》，《中国社会科学》1989 年第 1 期。

想状况、就业安排、犯罪控制等都是学校组织的职责所在。在我国，其中有的指标甚至具有"一票否决"的重要功能（如计划生育国策的落实）。[①] 除了教委具有评估学校组织运行情况的职能之外，卫生部门、计生部门、环境部门、劳动部门等均需要评估和管理学校组织的部分职能的完成情况。这就造成学校单位组织的组织功能、运作规则及评估标准具有一定的模糊性与不确定性。

　　除了上述几个方面之外，还必须看到：随着单位制度的改革推进，对于教师个体而言，并不是所有的社会资源通过单位组织渠道供给。对于一个普通居民而言，日常生活的必需品是面向市场且众多途径的。一个典型且重要的社会资源配给渠道改变的实例就是住房的供给。但是在职业相关的社会资源来看，例如工资、职称、医疗保障、晋升机会、进修机会等均只有所在学校这一个路径。例如，很多学校组织并不直接分配住房，而是将住房转化为教师工资中的一个重要组成部分：住房补贴。

三　学校组织属性导致的个体依赖

　　以 Z 小学五年级组的教师为例，几位教师在学校的职业生活存在着一定的等级划分。

　　首先，再看一下办公室套房的办公桌位置图（见图 2 - 1）。

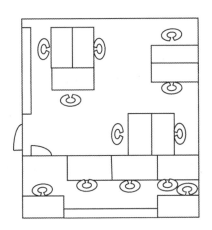

图 2 - 1　五年级组办公室办公桌位置

说明：⤵ 表示教师的座椅。

---

　　① 杨晓明、周翼虎：《中国单位制度》，中国经济出版社 1999 年版，第 83 页。

从图 2-1 能够看出：外屋较为宽敞、采光也比较好。七张办公桌拼并在一起。每位教师都有一组办公用柜子，饮水机也放在外屋。办公室里面的套间比较小，是一个长条形的房间。靠着内侧墙并排摆着三张办公桌，另外一侧墙的两头各摆着一张办公桌，办公桌的中间是几个柜子和两把闲置的椅子。这个套间的五张办公桌分别属于两位美术老师、两位思想与品德课老师，还有一位音乐课老师。

在有意无意之间，办公条件以及相关资源的安排体现着教师"岗位"的重要性。

除了办公条件之外，上课时间的安排也与教师在学校内的"地位"紧密相连。往往处在重要岗位的教师能够在授课时间、教室安排、考试安排等常规活动安排中获得较多的自由度。

> 我是年级组长，挺操心的，凡事儿就得多想想……像我们几个当班主任的，其实都不喜欢在放学后开教研会……但是，没办法啊，我们组里有××主任，领导嘛，我们都能理解，事情特别多，就迁就一下呗……（S1）
>
> 没办法，学校就这么小，我们都特别理解，机会少，这也不是学校能说了算的，就得排队呗……可能学校领导觉得××老师现在是主任，如果还没有职称，说不过去……毕竟也是代表学校形象嘛……（Z1）

在 Z 小学，所有的中层干部以上的领导，除了教研室主任为美术教师出身之外，其他教师干部均为主科教师。

可以说，教师个体的"地位"和"等级"首先归因在教师岗位，更具体地说是教师所授科目。学校的资源配置、活动安排、检查考核等都会优先从所谓主科教师的岗位开始。就目前的观察来看，能够在学校内晋升的主要是主科老师、班主任。

这些所谓的"等级"主要表现在教学以及相关工作的优先上，其次表现在学校内组织资源的分配、升迁、调职时的潜在价值等。同时，也表现在拓展了教师个体的人际交往范围。

不能否认，学校的班主任们都非常繁忙，与此相应在繁忙的班主任工作中，教师个体获得了丰富且多层次的机会与学校各个部门的各位同事产生互动和交往，从此开始相互了解、交往和认识。人际交往的频率和质量在一定程度上决定着教师个体在学校内的"非正式"社会地位。举例来说，按照选举章程，Z小学教代会的代表是由全体教师投票选出的，在这些被选出的代表中，除了个别学校领导之外，大多数是数学和语文教师。显然，教师个体在校内的"知名度"在一定时刻，是具有"权力"和作用的。

Z小学内，有两类教师在事实上享受着学校优势配置的资源。第一，距离相关职能部门或者管理部门"关系"比较近的教师，他们更有可能获得利于自己的资源和消息，比如S1、H1教师等。两位教师都是与学校领导合作配班的班主任。第二，还有一类是学校的"老人"，往往他们当年的同事现在已经是学校的相关部门的领导或者是教育系统相关部门的领导。新任或者现任领导在进行相关资源分配时也会考虑到他们的实际需要。同时，可能还有一个潜在的重要原因，一些老教师或因已经对学校组织内部的一些所谓潜规则非常了解而能够充分利用规则，或可能已经临近退休或者临近退出教师职业，并不在乎规则。因此，相对来说，学校的"老人"也是学校组织地位的重要人员。

如前所述，正是由于对教师个体而言，几乎一切与职业相关的社会资源都是通过单位组织的渠道获取的。对于单位内的员工来说，单位是其饮食起居等基本生活福利的重要来源，甚至唯一来源。不仅工资收入来自单位，而且诸如与当前职业生活水平相关的职称评定、晋升、进修以及课题、教学任务安排等均由单位决定，同时与职业外在条件相关的诸如住房补贴、退休金、医疗保障等也都来自单位。

从积极方面来理解，单位成为福利国家的重要分配路径，能够为每一位成员提供基本生活福利保障。一名社会成员加入这样的组织，就成了单位要负责的一员，单位需承担对其生老病死、"吃喝拉撒"负责的"无限"义务，还要使其足以维持一定水平的、较稳定的生活水准。这就是老百姓所说的"铁饭碗"。从另外一个角度来看，单一的资源路径意味着垄断，而垄断的同义语就是控制，控制必然带来操纵。因此，这种单一路径、全方位的资源配置模式必然带来操纵性的"制度后果"。

当学校组织是大多数资源的单一路径时，组织成员的职业生活实际上就陷入了一种别无选择的依附境地。离开学校，意味着放弃教师的身份，就意味着丧失与教师职业相关的一切资源；违反学校组织的管理规定或违背组织管理者的管理安排，就意味着在一定程度上失去资源配置中的位置。如此一来，教师个体与学校组织之间的自由平等的契约关系根本不可能有讨价还价的余地，主体性没有存在的空间和机会。

研究表明，社会组织成员能否享有自主与自由的行为和行动过程，很大程度上取决于他对他人或对组织的依赖是否表现为多元的状态，也就是说，取决于他是否依赖单位组织内各种不同层次上的个人，或者依赖各种不同形式和类型的组织。[①] 也就是说，在学校场域，教师个体的自主与自由，需要以学校"自由流动资源"与"自由流动空间"的存在为前提。只有教师个体能够通过不仅仅只有学校组织这一种资源来源，同时，当需要某一种资源时，可以存在多种获得的途径以及方式，教师才有可能从对学校组织的行政管理模式中解放出来，能够自由、自主地选择教学模式、选择发展方式、选择晋升方式，等等。对于一名普通教师而言，如果其维持生存和发展的社会资源（例如收入、职称、教育资源、交往空间等）完全仰仗于学校组织这一唯一的提供者时，教师个体就不可能摆脱学校对自身的束缚，就难以拒绝学校制度或以校长为代表的管理机制对自己提出的任何要求。在这样的情境下，教师个体的主体性是否具有存在的可能就特别值得深思。

第四节　科层制对教师主体性的解构

现代学校作为一个现代组织，主要采用科层制规则运行。因此，可以从学校组织结构出发，基于科层制管理规则的相关研究成果进一步分析这一组织结构对教师个体主体性的影响。

目前已有不少研究得出科层体制对个体人格产生影响这一研究结论。其基本的研究结论是：科层体制本身的特点，将会影响到生活在科层体制内的组织成员，最终表现在对组织成员的人格的影响，其影响主要表现为使成员表现出"训练有素的无能""职业性的精神变态"等特点，科层体制决定了组织成员的主体人格。

---

① 李汉林、王奋宇、李路路：《中国的单位现象与体制改革》，《中国社会科学季刊》1994 年第 1 期。

一　科层组织和科层体制

科层组织具有两个本质特点，其一，科层组织的组织结构是系统化建构，即"一个有条理、组织合理的社会结构"。在这一组织结构内，每一个组织"细胞"都规定有明确的活动模式；同时，每一个具体细节的活动模式、行动序列都关系着整个组织的整体目标的实现。要保证这一点，组织结构的设计往往是系统的设计模式。组织设计一系列不同等级的部门，每一个部门都设计有各自的"权利和义务"，即通过明确具体的条款设计每一个部门的责任和特权。每一部门的权限与责任都是围绕管辖组织系统的某一领域。这样，就实现了组织系统的功能的分化。其二，规定了明确的、具体的各部门、各职员的行动程序，以此来保证组织成员按照一定的正式程序来行动。即"职员通常是在先于组织而存在的规定范围内活动的。规定好的各部门之间的关系体系涉及一系列正式程序和清楚界定的职员间的社会距离"。

我国已经建立了较为完善的学校教育系统。每一所学校的校长任命、学校相关事务管理以及学校教师的聘任等相关事务都是由教育系统中的某一职能单位、学校中的某一职能部门来负责管理或处理。这些事务的处理和管理都是根据一定的程序和规范来具体实施的。在事实层面，学校是基于科层组织结构原则建设的，因此必然需要符合科层组织的基本特征，上述关于科层组织的讨论可以应用于学校组织结构。其次，学校组织内部的结构是依据组织所要实现的行动目标和任务来具体规划和设置的。例如由上级主管部门确定学校的各类编制（教师及相关人员数量）以及编制比例（教师以及相关人员具体的指标设置）。虽然可能最初是"因课设岗"，但是一旦走入正轨（典型标志是建立了正式的学校相关规章制度），必然是"因岗聘任"的。随着教育改革的深化，几乎每一所中小学都对每一级别、每一类别的岗位作了明确的职责范围等权利义务方面的规定。这些职责范围的规定就是根据所在学校要"实现的行动目标和任务来具体规划和设置的"。

《社会理论和社会结构》一书①对科层组织的两个重要规则进行了

———————

① ［美］罗伯特·K. 默顿：《社会理论和社会结构》，唐少杰、齐心译，译林出版社2006 年版。

说明。第一，关于权力的来源。按照科层组织的预想，权力由岗位来决定，即"公职的控制力量，本质上应属于部门，而不属于履行职责的某个人"。第二，关于组织内的等级关系。科层组织的等级关系是通过正式程序体现的，即通过多少有些复杂化了的社会仪式表现出来的。这些程序和仪式象征并保障了各个部门之间的社会等级关系。同时，权力和等级关系结合在一起，保证了科层组织的正常运行。

科层组织的主要优点在于最大限度地保证了技术效率，体现对精确性、高速度、熟练控制、持续性、判断力，以及最佳的投资收入比的重视。这是一种彻底摒弃了个人化关系和非理性考虑（如敌对情绪、忧虑、感情卷入等）的结构。也就是说，科层组织将权力"交给"部门，能够在一定程度上有效地避免出现"人治"的感情用事、家长作风以及拉帮结派等可能出现的局面。应该说，是值得期待的以理性和科学为原则进行组织（部门）的管理。然而，将权力归于公职、归于部门，在实质上仍然是归于某位履行职责的个人。当然，科层组织的设计者肯定也考虑到了这一点，因此，科层组织还有第二个原则，就是等级关系。

在科层组织中，等级关系的存在是为了保证对权力的尊重、对程序的恪守，从而确保组织系统的权力分配体系。具体来说，就是把科层组织成员间的交往程序和交往频率以及交往过程都进行事先规定，并进行限定，最大限度地减少各种摩擦。由于所有的行为均是事先规定并限定的，因此可以预见他人的行为，于是稳定的相互期望就这样建立起来了。也就是说，等级关系是通过精心设计的规范和程序来实现的。具体来说，就是明确界定和规范每一个岗位的职责范围，规定部门之间必需的"交往行为"及其基本程序，这样一来，就能保证不管履行职责的人是谁、有什么样的个人情感和个人风格，岗位规范系统都能够保证这一科层组织运行。

然而，必须承认，在实际的科层组织运行之中，首先，由于社会（不管是大的社会环境还是小的组织环境）随时处在运动和发展之中，科层组织的规范和程序所能够规定的职责范围和程序都是针对旧有现象和问题的，当面临新的现象和问题时，不可避免地将会出现难以适用的现象。这时候，往往需要履行职责的某个人发挥其个体主体性，运用其独立的智慧，来对这些职责范围和程序进行新的解读，从而应对新现象和新问题。因此事实上，随着时间的推移，科层组织想要避免"人"的参与的愿景，基本上是不可能全面实现的。

同时，从另一个角度来讲，在科层组织中的人，由于等级关系的严格规定，必然导致有些信息只能被具有一定等级的人所获知，也就意味着一些信息被等级高的人所掌握，并可能被运用为一定的"权力"。此时，"人"因为握有"与别人相关，但别人不知道"的信息而享有超出职责范围的"能力"。

科层组织的明确分工初衷是保证相互之间的"合作"，即每一位职员都因为彼此对规则的遵守而能够预见别人（他人）的行为，由此产生稳定的相互期望，进而由此实现组织目标。也就是说，组织目标的实现依赖于一套共同承认的原则。然而，一旦科层组织内出现这样的潜在的能力和权力，必然导致成员之间的彼此猜度。这些猜度的存在可能破坏成员之间的合作模式，破坏相互之间的期望和信任，甚至破坏组织目标的实现。

二　科层制对教师主体性的解构

学校作为科层组织，是否也存在这样的现象？这一现象是否对学校的组织目标产生了破坏？是否是导致教师个体主体性没有得到适当发挥的原因之一？若要回答这些问题，就必须考察默顿对科层组织的内部压力和紧张的论述。

在默顿之前，维布伦使用"训练有素的无能"、杜威使用"职业性精神变态"、沃诺特使用"职业性畸形"来界定科层组织对组织个体产生的消极影响。[①]

"训练有素的无能"指的是一个人的能力发挥的作用不恰当或盲目的状态。一个成员"基于所受训练和技术而采取的行动，只能用于设定的情境和条件；一旦条件发生变化，成员的行动往往导致不恰当的后果"。维布伦在这里描述的是组织中成员的个体行为的不恰当，意指个体没有能及时根据新的形势的变化做出新的判断、采取新的行动模式。维布伦将没能够表现得"合乎时宜"的原因归结为"他过去所受的训

---

① ［美］罗伯特·K. 默顿：《社会理论和社会结构》，唐少杰、齐心译，译林出版社2006 年版，第 7 页。

练"，认为一旦情况发生变化，"当他没看出新形势与过去情况有本质的不同时，训练的效果反而会导致个体采取错误的步骤"。这就应该追问：为什么个体所受的训练会导致没看出新的形势与过去的情况的不同？即"训练有素的无能"。

杜威提出的"职业性精神变态"（"变态"实际指的是精神的显著特征）在一定程度上可以回答我们的追问。杜威认为，日复一日、一成不变的工作程序使人们逐渐稳定形成独特的偏好、期望、辨别力和关注点。按照杜威的观察和解释，造成人们"无能"的可能是因为日复一日地从事同样的常规工作，而使得职业个体的辨别力和关注点被固定下来，这样就容易看不到新的形势与以往形势的本质不同。

正如前面所说的，科层组织几乎每时每刻都在对其成员施加压力，要求"讲究条理，谨慎行事，严守规章"。这是科层组织实现其组织目标、成功运转的必要条件——组织成员在行为上具备高度的可靠性，与预先制定的行动规范保持高度一致。因此，保证这一点的"纪律"是极为重要和必要的。历史和经验、心理学和哲学都在告诉我们，只有获得个体的"认同"、获得个体强烈的情感支持时，纪律才能真正发挥作用。这就使得科层组织对个体的纪律要求不仅仅是行为层面、认知层面的，还要上升到情感层面、"思想意识"层面。具体来说，科层组织要求的"思想意识"是：对职责的献身精神，清楚认识个人权威和个人能力的局限性，具有稳定有条理的日常工作表现。

因此，可以这样说，科层组织的组织目标能否实现、组织活动能否正常运行取决于向参与者们灌输适当的态度和情绪。《社会理论和社会结构》还具体分析了科层组织为了灌输和强调上述"思想道德"的明确安排。

第一，为了确保科层组织的成员按照组织的规定行事，严格遵守职责规范的要求，科层组织一般都会重视成员行为遵守、思想认同组织规定的职责范围和行事程序。而这些对认同程度的要求往往是极高的，可以说是超出其实际需要。可以理解这种严苛的要求出于"取法乎上得乎中"的理智选择。但是过度强调情感的认同、心灵的赞同就有可能转变为对行为的过度强调——强调行为与规章制度的绝对一致。如此一来，本来只是当作手段的服从和认同却转而成了科层组织的重要目的。

正是因为如此，组织成员往往将自己的职业行为理解为执行行为、纪律理所当然地被理解为照章办事。而规章制度不再是为达到组织的特定目标而制定的行事规范和程序，却演化为科层组织中的直接价值。这种过分强调纪律性的本末倒置，就发展成为思想僵化、工作死板的人。在这样的情境下，组织成员个体就必然成为维布伦口中"无能"的人。

上面的具体论述和分析回答了我们在前面的追问——"学校作为科层组织……是否是导致教师个体主动性没有得到适当实践的原因之一？"答案就是：是科层组织本身造就了科层组织成员的"过度遵从"。过度遵从的结果事实上就是教师个体对学校的组织制度和学校组织过于依赖，教师个体主体性难以找到存在空间。

Z 小学教师普遍并不考虑个人的性格与职业之间的关系（尽管他们基本都承认个体与职业存在一定关系），甚至极力压抑个体与职业劳动之间的冲突和联系，反映出教师个体主动或被动地与职业身份剥离的倾向性。

在我国当前的小学中，学校的正式制度（聘任和晋升制度等）与校长负责制的管理方式以及传统的终身聘用现象是并存的。在 Z 小学，聘任制度服务于校长负责制，于是校长本人对学校组织的科层性质或半科层性质或单位性质的理解和认识决定其管理风格，而校长的管理风格转而成为一种"制度力量"，往往在教师个体对主体性的界定中具有重要参考价值。在 Z 小学，教师个体表现出明显的依附特点：教师个体对其职业劳动内容和范围的理解和认识依附于学校制度要求，教师个体对管理制度的遵守依附于校长的管理风格，教师个体对其自身晋升和职业规划依附于学校的政策导向，教师个体的职业惯习依附于规章制度的变迁。教师个体对学校制度和管理模式的依附反映出教师个体缺少对其专业自主性的自觉，即缺少对其主体性的自觉。

第三章　个体主体性的践行空间

对教师个体来说，组织规则就是个体践行的规则，就意味着个体的践行空间。因此，要从学校的组织规则入手考察教师个体主体性的践行空间。

对学校来说，其组织规则主要包括正式的学校制度和非正式的学校制度两类。学校制度是以明确的形式确定下来的成文规章、守则或律令，是学校教育工作者有意识创造的、理性设计的规范或规则。正式学校制度，是以文字、书面、图形或符号等显性文本界定了的师生员工的活动舞台和行为边界，如学校应遵守和贯彻的教育方针、教育政策、教育法律、管理规章以及教育规定等。对学校来说，主要包括学校德育工作制度、教职工代表大会制度、教师评聘制度、招生制度、教学工作制度、学生管理制度、学校资产管理制度等规章制度体系。非正式学校制度指的是并没有以文字、书面等显性文本界定，但是通过口头约定、约定俗成或者是临时约定等方式，界定了师生员工的任务分工和行为边界的约定，等等。正式学校制度和非正式学校制度为学校教育活动的开展提供了基本的秩序和纪律，一经制定、颁布并实施，就会对所有的教职员工、学生产生强制的约束力，成为学校依法执教、规范办学行为、形成教育秩序的标尺和准绳。对于教师而言，学校的组织管理规则与相应的权力关系网络决定着教师个体主体性的践行空间。

第一节　Z小学教师个体主体性的践行规则

按照社会学的解释，构成一个组织的要素有五项：第一，要有组织成员；第二，组织成员能够认同共同的目标与共识，并且具有区别组织内外成员的意识；第三，组织内部有一定的规范，组织成员间能够形成对事物的共同判定标准；第四，使用命令和职务进行组织；第五，组织成员与组织能够共享一定的价值。构成组织的这几项要素中，最重要的是构建正式的组织规范，在组织规范中明确目标与共识，通过组织规范确定对事物的共同判定标准，明确命令与职务，同时确保组织价值的共享。

因此，按照科层制本质特点构建的现代学校，需要管理规范、章程、规定等制度系统来明确学校的组织结构，确保组织功能和组织职能能够实现。如前所述，学校需要界定供每一位组织成员共同遵守的办事规程或行动准则，有的通过正式制度规范来规定，有的可能通过约定俗成来促使组织成员的遵守与认同。从学校管理者来说，更多依靠的是确定一定的规程和办事条例，用以规范、约束学校组织以及学校内成员的行为。因此，对教师个体来说，其主体性的践行规则就是学校的管理规程和规章制度。

学校规章制度是对学校的组织和管理原则的确定。具体体现在：第一，学校核心的发展目标、关注点的分配等需要通过制定章程原则加以保证，同时，决定、影响分配的决策程序和决策过程等均有规章制度来加以明确；第二，决策的程序和决策的过程事实上就决定了学校组织内什么人能够参与什么决策，即权力部门之间的协调；第三，决策程序和决策过程的规定决定了学校组织内信息流动的方向和信息加工的模式，信息的加工、解释和诠释也会在规章制度中得以实现。从根本意义上说，规章制度界定的是组织"权力"。如果没有"权力"的支持，就不可能体现学校的组织和管理规则；相对来说，规章制度是对组织权力的"描述"，规则是对权力行为的制约，是权力实现的制约和保证。

Z 小学校长在介绍学校的情况时，特别强调了规章制度的重要性。

> 学校以制度为准绳，规范师生的行为。因此，学校必须建立健全各项管理制度。以此来保证学校内凡事有法可依、有章可循，必须要求每一位教师都按章办事。制度改革就是要建设完成一套完整的、科学的、规范教师和学生行为的激励机制、评估机制和监督机制。只有这样，才能把我们学校建设得更好。……我们力争做到对教师的备课、上课、辅导、教研，对学生的上课、下课、休息、生活实行全程、全方位的管理，全面提升学校的办学质量。（Z1）

一　Z 小学的规章制度体系

在教委要求完善学校制度建设的前提下，中心小学的规章制度汇总在《××中心小学管理制度手册》（以下简称《制度手册》）。《制度手册》于 2009 年 7 月集合成册，其中涉及的规章制度大部分都是旧有的规章制度，教师们都已经熟知。在 Z 小学校长看来，"虽然我也说不清楚具体有多少条，但是我很清楚它是我们学校的立校根本"。

《制度手册》分为九个大的章节部分，共计 168 条。

学校行政管理部分 19 条，分别为 Z 小学章程、实施党务公开意见、领导干部通信费发放办法、干部队伍建设规划、教师流动办法、考核方案、干部考评量化细则、完小校长考核的访谈提纲、干部考核访谈记录表、完小考核问卷、完小校长考核成绩表、完小主任考核的访谈提纲、主任考核问卷、德育干部考核问卷、电教管理干部考核问卷、中层干部考核成绩表、对各完小的表彰办法、对各完小校长的表彰办法、对各完小主任的表彰办法。

教职工管理部分 10 条，分别为 Z 小学关于加强教师队伍建设的决定、师德建设方案、教职工师德规范、党员发展培训方案、后备干部培训方案、党员例会制度、教师聘任制实施方案、粉笔字等级考核标准、绩效工资方案、电子化学籍管理制度。

岗位责任制部分有 34 条，分别针对的是校长、党支部书记、副校长、工会主席、德育主任、德育副主任、教导处部门、教导主任、教导副主任、教务副主任、教科室、教科室主任、科研副主任、总务处主任、总务处副主任、信息化办公室、学校宣传工作、卫生室、教师、课题组组长、班主任、副班主任、大队辅导员、中队辅导员、学生社团辅导教师、财务档案管理员、会计、出纳、采购人员、安全保卫人员、完小总务人员、图书管理员、档案管理员和司机等 34 个岗位。

德育常规管理部分有 14 条，分别是小学生守则、日常行为规范、首都中小学生十个文明形象、小学生学习十项行为、学生文明行为三字歌、少先队工作考核方案、低中高年级养成教育目标体系、责任区管理办法、卫生检查制度、"优秀班集体"等评选办法、区镇骨干班主任管理办法、镇级骨干班主任评选办法、优秀班主任评选办法、优秀辅导员评选办法。

教学常规管理部分有 22 条，分别是制订教学工作计划的规定、备课要求、上课要求、教案检查常规、体育教案评分标准、体育课教学评分标准、教具管理常规、教研组管理、作业要求、记分册使用要求、学科质量监督常规、考场规则、监考要求、阅卷要求、音乐教室管理常规、音乐器材室规则、美术教室管理常规、美术器材室规则、体育器材室管理常规、计算机教室管理常规、科学实验室管理常规、科学仪器室规则。

教科研常规管理部分有 8 条，具体为教科室常规工作流程、教科室工作常规管理细则、科研经费使用管理制度、课题论证制度、课题评估制度、课题申报制度、课题研究活动记录表、课题组教师工作量化考核表。

信息化常规管理部分有 11 条，分别针对的是会议室的对媒体设备、计算机教室、教师多媒体设备、演播室录课室、电教器材的管理、使用借还、保养维修、损坏赔偿、电教资料、音像资料和电教档案的管理制度。

总务后勤管理部分有 23 条，是关于财产和资金方面的，不赘述。

最后一部分是体育卫生部分，有 27 条，分别针对学校的卫生保健等方面，如学校晨午检制度、通风换气制度、消毒制度、集体用餐的制度，也不一一列举。

全手册共计 168 条各种制度和规定，其中涉及全体教职工的规定总数为 157 条（刨除涉及学生的规定）。再剔除涉及学校总务后勤、体育卫生等方面的规定，涉及"教学教师"的规定有 100 条，其中一条为总务方面的索赔制度、两条是体育卫生方面（教师定期体检制度、学校与定点医院的联系制度）的制度。下面的分析主要围绕涉及教职工的职业生活的管理规章制度展开。

首先，从管理规定的数目来看。

所有的规定中，涉及考核以及评估办法的有 23 条（不算对学生的考核评估）。算上岗位职责的规定的话有 57 条，占所有规定的 34%，占涉及教师规定的 57%。

手册中，涉及规范教师教学行为的规定有 48 条，其中师德规定 3 条；聘任制和岗位职责规定 9 条（含课题组长、班主任、副班主任、大队辅导员、中队辅导员、学生社团辅导员和图书管理员的岗位职责，入选理由是这几个岗位通常由普通一线教师承担）；4 个评选办法，分别是评选镇级骨干班主任、优秀班主任和优秀辅导员；涉及考核的有 5 条，分别是对粉笔字等级、教案、（教科研）课题工作 2 条，以及最重要的绩效工资方案；1 条教室多媒体设备使用的管理规定（不包括其他特殊设备器材的管理规定）；其余 26 条，分别是涉及教学常规管理的规定和要求 20 条（包含部分特殊教室的设备管理常规），科研管理规定 6 条。

所统计的涉及教学常规管理的 20 条规定或要求中，主要指向的是教师制订教学工作计划、备课、上课、教案、教具使用、作业、记分册、考试、阅卷以及器材设备的使用。特别需要说明的是，手册中还设有"学科质量监控常规"，规定了监控各个学科教学质量的三级责任人和具体方法。

另外，整本手册涉及教室管理常规和设备使用规则的有 21 条，涉及了学校的普通多媒体教室、教具、体育器材、音乐器材、美术器材、计算机教室、科学实验室、会议室多媒体设备、录课设备、电教器材、电教资料、音像资料等教师或设备。其中，"索赔制度"是针对学校所有仪器设备的。

其次，从管理规定的颁布主体来看。

整本《制度手册》只有第 117—120 页的北京市小学生守则、北京市小学生日常行为规范、首都中小学生十个文明形象、小学生学习十项行为要求和学生文明行为三字经五条规定是北京市的统一规定之外，均为 Z 小学自主编制的规定和文件。

当然，有不少规定虽然是学校颁发的，但基本都是有"法"可依的，也就是根据上级部门的某一项指示而展开的具体规定。例如《制度手册》第 167 页的"作业要求"，对中心小学的教师批改作业的用笔、符号、格式要求等都作了明确的规定。同时，规定中明确说明了"本基本要求"是建立在"严格执行《北京市教育委员会关于进一步提高中小学教育质量切实减轻学生课业负担的意见》的有关规定"的基础之上的，由此确定了"合法"性和"必需"性。其他学校自拟的规定和要求也均具有类似的"建设"需要。

最后，从管理规定的名称来看。

除了北京市统一规定的 5 条之外，名称上称为制度的有 58 条，35

条规定的是岗位职责，用于评估的问卷或量表有 13 条，称为办法的有 11 条，称为常规的有 9 条，称为方案的有 7 条，称为要求的有 6 条，称为规则的有 4 条，称为标准的有 3 条，称为规划的有 2 条，称为细则的有 2 条，称为规范的有 2 条。另外，还有 9 条，均只有一个条文，就不在此赘述了。

二　Z 小学的常规“编排”

Z 小学每天早上 8 点钟开始上课，要求教师一般都在 7∶30 到学校。还要求班主任在学校门口迎接学生，但就笔者观察的情况来看，这个工作多数由每天在学校门口值班的学生小干部代理了。

第一节课后，学生做操，有时候校长或者相关负责老师会在做操之前讲几句话。每周一还有升旗仪式。

然后是第二节课。第二节课后首先是五分钟的眼保健操，然后是一个较长时间的课间，十五分钟。一般上午的四节课是数学和语文课。

上午的四节课后是午饭时间，午饭时间为一个小时。一个小时后是将近两个小时的午休时间。午休现在基本是自习时间。

午休之后，下午两点开始下午的课程。下午一般是副科的课程，两节课后，低年级同学放学，四节课后，四、五、六年级同学放学。学生放学的时间一般最晚是下午四点半。

按照学校规定，教师在下午五点半下班。

上面看起来是学生课堂时间安排的一日常规，实际上也是教师的一日常规。按照日常规定的安排，教师的一日生活也是按照这样的节奏。

例如，班主任的工作时间一般都是每天的上午（每班各两节数学或语文课程）和周一下午三四节（班会）。这就意味着教师的批改作业、会见家长、课题讨论等其他教学工作将安排在除此之外的时间。学生的课程重头戏在上午，几乎决定了办公室上午的氛围是紧张和忙碌，下午则充满轻松和闲暇。教师们上午时间几乎都互相见不到面，下午则才有时间交流或交往。

同时，学校的课程安排以“周”为单位，相应地，教师的生活节奏也是以“周”为单位。每周的课程安排是一致的，几乎会影响教师将自己私人生活领域的事务也会配合学校工作的课程节奏来进行安排。

对于大多数教师来说，学校明确的上下班时间规定是早上七点半到下午五点半。同时按照学校的规定，不能够迟到早退。但是，同样对大多数教师来说，这条规定并不是"死的制度"。

> 其实也没人天天管，但万一让校长看见了，虽然不会真的影响工资收入，但一定影响印象……制度是死的，人是活的……谁有空真给我掐着时间啊？还真给算算缺了几节啊？……要真是那样，没别的，那绝对是得罪人家了……（P1）

所谓真的影响工资收入，指的是按照学校制度要求，"迟到早退20分钟将算为缺勤1节，6节就意味着缺勤一天"。所担心的"影响印象"指的就是在评选优秀骨干的时候，推选时有障碍。

在访谈中，不少核心骨干教师，如班主任、主科教师认为自己的工作较多，即使没有按照学校规定的时间来校、离校，但是其全部的工作时间早就远远超出规定要求，考勤其实是可以忽略的。相对来说，他们认为，考勤主要针对副科教师。因为只有副科教师才会可能"早早完成了工作，就想早回家。（不管他们管谁?）"（L2）同时，对于副科教师来说，"影响印象"非常重要，因为"争取表现机会很少，出去进修、评职称等加分的机会太少了，校长的印象就变得格外重要了"。（G1）

除了上下班时间的规定存在这种不同境遇之外，上课要求、作业批改要求、记分册使用要求等也存在同样的情况。

笔者认为，其重要的原因是教师个体对制度规则的诠释其实是由他在学校组织中所处的关系和地位决定的。

三 会议：资源的分配

会议，是管理者的特别工作方式，也是一项重要的、特殊的、日常的管理工具。对Z小学来说同样如此。会议是学校运行的重要路径，是学校主要管理者以及各职能部门负责人经常采用的学校行政手段。所有的会议从本质上说，都是学校组织权力界定和分流的场合。从收集到的Z小学日程表上，可以看到教务处主任一般需要参加或召开至少八种不同主题和类型的会议，包括有：（1）由校长即党支部书记主持的学校例会。（2）由组长主持的教研组、年级组会议。（3）由分管教师干部主持的教研活动会议。（4）由教导主任主持的教研组长会议、年级组长会议、班主任会议。（5）由工会主席主持的工会委员会议。（6）由党总支书记主持的党员会议及组织生活。（7）各类表彰会。（8）其他适时必要召开的会议，如家长会等。

以学校例会为例，例会的主要内容一般是由校长确定，具体的会议程序由校长办公室确定。一般由副校长主持、宣布会议开始。第一项议程是教导主任发言：总结上周工作情况，布置本周教学、教研工作安排，传达上级文件精神以及与教学有关的内容。第二项议程是其他部门的主管领导说明各个部门的具体工作。最后由校长总结会议，一般是强调工作重点。工作重点往往是班级管理问题、教师的坐班考勤、上级行政部门的工作进度等事务。随后，学校例会中布置的学校日常工作活动主要在各个分管部门的例会上进行，往往包含宣传讲解和任务分解两个部分。分管部门的例会上，除了校级例会的内容以外，各年级组（往往是副校长和教导主任、副主任等兼任）还会根据本年级的具体情况适当加一些内容，主要内容有各年级教师的考勤、综合量化的计算、班内偶发事件的处理、请假休班等。

除了开会方式传递学校内的各项任务和消息以外，学校还常常采取文件转发、公告通知、非正式沟通、组织检查等方式进行任务布置和信息传递。这些形式所涉及的就是某些重要的、例行的或临时决定的学校事务，这些均为学校进行告知的一种信息传递方式。

学校文件通过各种方式在学校部门之间流动，能够实现全校各个部门按照文件所表达的意图及时行动起来。根据对Z小学的观察，主要有两类文件：一类是从区教委、区政府以及其他相关部门传达的文件；一类是学校自己拟定的文件。其中从前一类收到的文件最多，约占全年收到文件的80%，这些文件通常是这些部门对例行的或临时决定的事务进行告知。例如"关于做好暑假期间几项工作的通知""关于印发……文件的通知"等。Z小学有较好的校园内部网络的建设。一般的通知除了通过例会等形式下发或转发外，就是通过校园内部网络进行传达。学校还会对这些通知和信息进行遴选，并选择特别的传达方式。

　　特别重要的，一般不仅要放在网上，还肯定会让人整理一下、弄出个分工，然后开个统筹会议，把事情布置下去，光布置下去

还不行，后面还要盯住了，在截止日期前，再梳理一下、汇报上去。(J1)

在这里，以全部发生在6月份的会议为例具体分析。整理Z小学教研室主任的会议记录本，可以发现6月份的众多会议主要有两个议题：教学、科研情况的考核以及招生工作的筹备和开展；8月份的重心是准备开学，涉及新学期新学生班主任的遴选等；其余不再赘述。

6月安排的会议及各项事务顺序为：6月1日，中心校抽测工作的安排；贴招生告示；6月3日，招生事宜（确定借读生人数，并上报）；6月7日，内部考核工作的安排；6月8日，课程开发与现场调研会；6月11日，招生（本市户口）；6月13日，推选脱产培训名单；6月15日、16日，考试安排；6月17日，上报招生汇总表；6月18日，党员发展大会；6月21日，观察小测试；6月22日，交入学登记表；学科组评价；6月24日，评价学科组；汇报招生情况；6月27日，推选培训干部；数学说课；6月26日，小中高（职称）答辩；6月29日，评审教师论文等。

6月安排的会议，内容事项上最多的是对教师工作的测量和评估，包含两个方面的工作。其一是对教师课程教学、教师所在学科组工作、教师所在课题组工作的评价和总结；其二是对学生掌握情况的测评。按照绩效考核方案的规定，学生成绩也是教师教学工作的重要参考指标。同时，在所有评价和总结的基础上，还有会议是对职称资源、培训机会等重要晋升资源进行"分配"。内容事项还有几项是关于招生的。对于学校来说，也是一个重要的资源。因为涉及较多的学校组织与上级行政机关之间的关系，因为篇幅和研究重心的限制，不再赘述。

以6月1日中心校的教师会为例，会议的主题是安排抽测工作。会议主要有三项日程，第一项议程是由教导处主任发言，安排（接待上级抽测部门同事）校内配班教师，同时提出抽测工作的具体要求。第二项议程是教科室主任安排抽测的监考和判卷教师。第三项议程由学校主管副校长做了几点"强调"，要求科任教师准时进班。主管副校长说明此次活动的目标，要求高度重视，要体现出学校教师的素质，监考和判卷要按照要求执行。本项工作是典型的执行上级行政机关的工作。典型的会议流程就是说明具体哪些人参与这项工作，说明工作的具体程序和具体要求，同时，会议上由哪位领导布置工作内容，就是意味着这项工作由哪个部门管理和负责。Z 小学的工作会议基本都是完成类似的工作流程安排和分工布置。

6 月 24 日的评估教师会议，由校长主持。会议记录是密封的，只有会议之后的整理材料，是教导处对存档材料的整理清单。材料包括：期末成绩及试卷、教师听课笔记、教育故事、教案、教师学习笔记、组长工作手册、教学工作手册和体育活动记录；还有材料整理的具体数据和成绩统计表格等。

通过上述梳理可以发现：学校的规章制度倾向于约束的是教师的个体行为，学校的资源分配更多通过学校的会议来完成。学校会议的主要内容包含资源分配、检查监督以及上传下达等内容。对于教师个体来说，学校的组织与管理主要通过制度上的行为约束以及从上至下的资源配置来完成的。

四　通知：细节的约定

这里以 Z 小学的一个通知为例，来说明对学校某一项工作的时间和空间等的细致安排。在对工作程序、工作细节的约定中体现出来的是标准化的管理方式。2011 年 12 月 12 日，学校教导处转发了区教育委员会小教科、小教研关于期末考试安排的通知，通知原文如下：

各校：

现将 × 区小学 2011—2012 学年度第一学期期末考试安排下发，请各校根据安排认真制定本校期末工作：

时间			年级	科目	备注
1 月 4 日（周三）	上午	8：00—8：40（40 分钟）	三、四、五、六	科学	
	上午	10：00—10：40（40 分钟）	二、三、四	英语	
		10：00—10：50（50 分钟）	五、六		
	下午	2：00—2：40（40 分钟）	四、五、六	品社	
1 月 5 日（周四）	上午	8：00—8：50（50 分钟）	一、二	语文	
		8：00—9：00（60 分钟）	三、四、五、六		

续表

时间			年级	科目	备注
1月6日 （周五）	上午	8：00—8：40（40分钟）	一、二	数学	
		8：00—9：00（60分钟）	三、四		
		8：00—9：20（80分钟）	五、六		

注：1. 三、四年级信息技术12月26—30日随堂上机考试。考试内容将于12月26日发布在研修网小学信息技术协作组中。

2. 一至六年级数学能力测试学校自主安排时间进行。一、二年级20分钟；三、四、五、六年级30分钟。

小教科、小教研

2011. 12. 12

发放通知的上级行政管理部门是区教育委员会的小教科和小教研（在区教育委员会，这两个单位是一个办公室，小教研的名称或许为了凸显小教科的另外一项重要职能——促进小学教学科研发展和管理）。由区教育委员会发布的通知规定了各个年级的期末考试的具体时间和节奏安排。对 Z 小学来说，这是全区小学的统一"时间表"，是必须遵照执行的。从通知本身的内容上看，它对参加考试年级、参加考试的科目以及参加考试的具体时间都进行了明确的规定。这些规定是关于测试工作的细节的，通知显示出不同测试科目的测试时间、测试顺序，暗示了测试内容量的多少，暗示了教师工作内容的重要程度和优先顺序。同时，由于期末测试与教师个体的工作评估和考核之间具有非常紧密的联系，通知确定的时间还意味着确定了全体教师完成教学计划和教学进度的截止时间，实际上也确定了教师们与测评有关的一系列工作的开始。可以说，时间的安排实质上就是对教师工作进度的规定。

以上从学校的规章制度体系、学校常规编排、学校会议以及校内通知四个方面对决定着小学教师个体主体性践行的规则系统进行了梳理。

第二节　主体性践行被束缚

对主体性的践行来说，学校的规则系统就意味着践行的空间和可能性。

一　学校规章制度的约定

从前面对学校规章制度的形式描述中，可以看到学校的管理规定绝大多数围绕规范教师的教学行为展开。从内容上看，这些规定大多数指向的对象是学校内不同岗位的教师个体，规定不同岗位的教师在从事各种教学常规活动时的具体、明确的程序和标准。与岗位职责规定相联系的，为了保证其规定的实效性，学校还规定了系统评课活动、绩效工资方案等方式，对教师个体的劳动数量和劳动质量进行评估和检查。尤其是工资分配方案更是将教师的规章制度遵守与执行情况与其工资收入直接联系起来。具体来说，包括以下五类内容。

1. 岗位职责的约定

第一类是根据教师所在的岗位进行岗位职责的规定，规定了不同学科的教师应该履行的职责范围。Z 小学对 34 种岗位进行了明确的岗位职责范围指定。34 种教师岗位包括：语文教师，数学教师，外语教师，品德与社会、品德与生活教师，体育教师，音乐教师，美术教师，网络管理教师，科学教师，心理教师，写字课教师，劳动、综合实践、地方课程等其他科任学科教师，课题组组长，班主任，副班主任，大队辅导员，中队辅导员，学生社团辅导教师以及财务档案管理员，会计工作，出纳，采购中心人员，安全保卫人员，完小总务人员，图书管理员，档案管理员，司机等。

以语文教师的岗位职责为例，看学校规章制度对岗位职责内容的规定。

1. 承担语文课程教学工作，认真备课，按要求撰写教案，做到常写常新，逐步形成有自己个性化的教案，注重及时反思，不断改进教学方法。

2. 注重自身文学功底的提高，博览群书，丰富阅历，不断提高自身学科素养与教学基本功。掌握小学各年段的知识点，形成语文知识系统，并在日常教学中已予落实，做到知识点的瞻前顾后。

3. 认真钻研新课程标准，把握学生实际情况，制订适合学生实际的语文教学计划（教学进度），并认真执行。合理安排学生作业，注重培养学生平时的积累，坚持全批全改。期末就语文教学的某一方面写出专项总结。

4. 坚持因材施教和启发式教育原则，从学生实际出发，每一节课要做到目的明确、讲解准确、重点突出、难点突破、指导学法、讲练结合、合理组织、师生互动、注重培养学生的逻辑思维能力、实践能力和创新精神，认真贯彻落实教学常规。

5. 加强对学生的课堂管理，结合教学内容和语文学科特点，充分发挥语文学科优势，寓教育于教学中，对学生进行思想道德教育和人生观教育，提高学生人文素养，培养良好的语文学习习惯。

6. 深入了解学生的学习思想状况，针对不同层次学生，实施分层次教学，分层次辅导，不断改进教学方法，使全体学生在原有基础上有所提高。

7. 按学科教学进度，做好平时、期中、期末检测试卷的编写工作，做好质量分析，及时反馈，改进教学。每学期完成自主听课10节，根据工作需要，及时做好家访工作。

8. 重视培养学生能力，发展学生个性特长，培养学生兴趣，扩大知识面，发挥其特长，做好语文学科各项竞赛的选拔辅导工作。

岗位职责的规范能够界定教师岗位的主要工作内容。对语文教师这个岗位来说，主要职责内容有：认真备课、加强专业能力、制订并执行教学计划、完成课堂教学、培养学生学习习惯、辅导学生等几项工作内容。在岗位职责中，主要界定了教师个体的工作范围。这些工作具体如何展开，还有其他规章制度加以明确。

2. 工作程序的设定

手册内还有一类制度规范是围绕不同教师的岗位职责展开，对岗位教师的工作程序提出了具体的工作要求和更加细致的行为规定。

继续以语文教师这个岗位为例，其职责内容包含：认真备课、加强专业能力、制订并执行教学计划、完成课堂教学、培养学生学习习惯、辅导学生等几项工作内容，手册内分别设计有"备课要求""进修规定""教学计划拟定方法"等具体规定。

以"作业"为例，岗位职责范围规定的原文是："合理安排学生作业，注重培养学生平时的积累，坚持全批全改。"《制度手册》第167页的"作业要求"，对教师设计的课堂作业有9条规定细则，分别围绕作业内容、作业量、作业格式要求、作业批改要求、作业检查、作业封皮等进行了具体要求。其中第三条是对作业批改的要求。规定写道："教师批改学生作业统一用红圆珠笔或红碳素笔，对勾大小适中，数学一题一勾。1—4年级改错可在原题，5—6年级改错在后面。不用修正液、修正纸。作文有眉批、总批，批语要有针对性，提出改进意见。错别字要标出，学生在两侧空白处改正。打完草稿后再誊写在作文本上。不能出现漏批、误批（尤其是语文的字、词、拼音）。"在第五条中规定：布置作业时要讲究质量，形式要多样，立足培养能力，提高学生素质……

按照职责要求，语文教师应该合理安排学生作业，所谓合理安排是比较原则性，"作业要求"延续了这一要求，并且将其细化为具体的"合理"：控制作业量，一、二年级一般不布置书面作业，三—六年级语文家庭作业总量不超过一个小时；语文生字、词3遍，其他1遍。

通过细致的"作业要求"，将岗位职责中规定的教师工作范围具体化为一系列的行为程序和行为动作。

3. 工作质量的检定

如前所述，Z小学规定了岗位教师的职责范围，继而对职责范围内的具体工作进行工作程序和具体工作内容的规定。同时，Z小学的《制度手册》里面还有相关规定以保证能够对教师具体工作内容的完成情况进行检查。

对具体的工作内容规定，学校常常使用的策略是表格。表格的重要作用在于非常有效率地确定并收集必要的信息，这些信息是"需要"被记录的信息。同时，通过表格形式，将"描述"一项工作的信息直接区分为"有必要记录下来的"和其他不必要的信息这两类。对于"描述"这项活动来说，具有区分有用和没用的价值；对于描述的"这项活动"来说，具有规范活动程序和行动标准的功能。因此，只要确保表格的填写，就完成了对教师个体工作质量的检定。

表3-1为Z小学对课题组研究活动要求填写的活动记录表。以此

表为例，来看表格的检定功能。首先，教师课题组的研究活动，被规定为需要专门的时间和专门的地点，其他零散安排或者不固定的交流均不计算为课题组研究活动。其次，研究需要设计研究主题，理论上来说，也应该围绕某一个主题展开，这是表格显示出的课题研究活动的关键要素。同样具有关键要素的是活动效果和研究反思。在访谈中，有老师说："研究活动一点儿也不麻烦啊，把会议室一借，把表完成，就算一次活动了啊。"（H1）也有老师说："我不发愁别的活动，我就发愁课题研究，那些文绉绉的词儿，我写不出来，就说说我上课的事儿，我还行。所以，我得老老实实地跟着×老师，她特有办法……"（L2）

表 3 - 1　　　　　　　　　　　Z 小学课题组研究活动记录

研究主题			
活动时间		活动地点	
主持人		记录人	
参加人员			
活动过程记录			
活动效果			
研究反思			

4. 监控方案的约定

继续以语文教师为例，对于岗位教师是否能够切实履行岗位职责，规范体系还设计有必要的检查方案。《制度手册》中的"学科质量监控常规"中规定了三个层面的质量监控，分别为：任课教师的自我监控，教研组监控和校级监控。教研组的监控主要通过集体备课、说课、听课和评课等教学研究活动展开。校级监控主要是教学领导通过推门课、研究课、评优课、深入课堂的交流方式，最重要的校级监控是期末考试，以此"把好质量关"。

对于教师岗位职责的完成情况，制度规范体系中设计了系统的监控措施，成为预先约定的监控方案。例如，安排各级领导的推门听课，对教师个体来说，是非常具有"威慑力"的。所谓推门听课，指的是并不提前约定，教研组以上的中层学校干部和学校领导能够随时推开某班教室门，进班听课。因为没有提前约定，对教师来说，就意味着可能是任何一堂课。这样一来，即使学校领导并没有每一堂课都进班听课，但是每一节课都有被听课的可能性。同时，学校领导推门进班的课堂评课成绩将作为教师教学能力的重要评价依据，那就几乎暗示着：每一堂课都需要为学校领导的评定成绩而准备。必须说，在一定程度上来说，这是一个非常有效提高教师备课、执行教学计划、完成教学等的认真程度。但同时也必须承认，这对于教师个体来说，是一个隐性的全面"监视"。

5. 奖励与惩罚的约定

制度手册还包括专门对教师所完成的这些工作有一个具体而明确的考核量表，并将这些考核情况与其工资收入联系在一起。

在"Z 小学绩效工资方案"① 中，明确规定班主任教师和科任教师的作业批改有 10 分的赋值。具体为：认真批改每一次作业，做到不漏批、有复批，作业每课批改一次，作业及作业本使用符合学校要求。这里所说的要求就是前面的"作业要求"中涉及的 9 个具体要求。满足这样的作业批改要求，就相当于获得教育教学工作总分 50 分中的 10 分。如此，就把类似于作业批改的教学行为要求与绩效工资紧密联系在一起。

设有"优秀教师、骨干教师的评选办法"可以称得上是教师的晋升标准，与此相联系的是对"骨干"的"管理办法"（实际为权利、待遇的规定）。

例如，"关于评选骨干班主任的实施方案"是一套以方案为主、外加骨干班主任推荐表、骨干班主任实地考察调查问卷、骨干班主任评选班会评分标准、骨干班主任评选班级管理特色评分标准、骨干班主任评选个人获奖评分标准的一套完整办法。

按照规定的要求，一名普通的班主任需要完成以下规定动作才有可能评选为骨干班主任。首先，基本满足的条件是：（1）带班 5 年以上。（2）专科（含）以上学历。（3）小学高级（以上）技术职称。其次，需要找机会完成：（1）指导其他班主任工作；（2）承担主题班、队会

---

① 绩效工资方案全文见本书附录 5。

的观摩；（3）参与班级管理方面的课题研究。完成上述工作还不够，要在这些工作中表现突出，获得以下奖励：（1）镇级（含）班级管理方面的奖励；（2）课题研究应是校级以上课题。

由此，可以实现基本评审材料的完备，即填好上述实地考察、班会评分、班级管理评分和个人获奖情况。除了这些表格之外，参评教师还应该提供班会录像和班级管理论文。

在准备好这些材料之后，既要有领导支持，还需要有群众基础：评审小组（由领导组成）负责组织推荐，名额是所有班主任的15%，推选之后还要由评审小组进行初选；推选通过后，将在全校范围进行公示，接受全体教师的审查。

公示两个星期之后，就可以按照镇级骨干班主任进行表彰和奖励了。

规定的程序稍有复杂，在程序上较好贯彻了"公开、公正、公平、择优"的推举原则。

"关于区镇级骨干班主任的管理办法"涉及了三项内容：职责、权利和待遇。"权利"一款下列举了三条：（1）向学校提出德育工作改进意见或建议；（2）同等条件下，优先参加上级组织的培训、学习、科研等德育教育活动；（3）在评优、职评等评选中，同等条件下予以优先考虑。

二 学校规章制度的分析

在Z小学制度手册中涉及的众多制度规范，除了上节从约定内容上进行的分析之外，还存在以下几个值得思考的地方。

第一，一些管理规定在描述教师职业劳动的范围时不够明确，同时对于职业劳动的质量要求标准提得过高，教师很难实现或达到，制造了操作上的困境。这种操作上的困境对教师个体带来巨大的心理压力。教师很有可能在心理上处于一种"理亏"的状态。

与此相对应的考核标准和考核内容却极其具有可操作性。这里的操作性指的是对于评估和考核而言，这些规则将教师的教学工作分解为了非常具体而细致的工作内容，对这些内容则进行了量化的评估标准。往往这些考核标准都是细化到百分比、次数、频率、天数、字数等极为明确的程度。其操作性对于进行评估和考核的主体——管理者来说，是极为便利的。

上述两个方面一对比，就会发现：管理要求具有较大弹性，利于管理者审时度势地把握；相对来说，考核规定则设计精确，利于管理者实施精准操作。对教师个体而言，无法对其劳动质量进行界定，"解释权"在"管理者"。

第二，全体教师实行的是岗位聘任制度，也就意味着每一位教师都有着其在学校教学工作中的独一无二的工作位置，针对每一个工作岗位，学校还明确规定了其岗位职责。每一名教师因其岗位职责的范围而确定其工作劳动的范围，对教师的工作劳动的评估也是根据其是否忠实地完成了岗位职责范围内的工作。

岗位角色的明确分工可能导致这样的结果：每一位教师更多与其岗位相联系，而不是与其劳动对象——学生相联系。师生之间的关系越来越疏离。这种疏离主要表现在教师不再负责学生个体的"全面"发展，而是负责学生在其岗位职责范围内的"片段"发展。教师对劳动对象失去把握。

第三，在众多评选以及奖励等相关规定中，能够明确看到权力和资源越来越朝向那些已经握有一定优势的教师的方向。这样，必然使原本不占优势的教师更难以获得职称晋升、职务晋升或者奖励的机会，更难流向学校组织结构中更高的层次。普通教师难以向"管理阶层"流动，管理者与被管理者在学校组织内部出现较大的"分化"。

第四，过于具体的教学行为的规范要求可能会将教师个体置于一种尴尬的境遇。在具体的教学情境中，严格按照操作规则执行基本是相当困难的，因此在事实上，越是规定了具体明确的行为方式的规范在真正的教学情境中越是没有生命力的。这可能导致，要么成为教师个体"抛弃"其主体能动性的绝佳"借口"，要么被教师个体"抛弃"。同时，从另外一个角度来看，具体明确的规定在事实上成了教师面对教学情境做出当下判断的束缚。

上述分析是基于中心小学的《制度手册》进行的分析。在制度规定中，能够看到规范制度在制定中常用的一个"技术"——"解释权在制定者"。有时候，这个制定技术是在某项规定中明确说明的，为了保证在未来出现现有规定中没有明确说明的情况时，制定者或管理者能够掌握一定的权力，来对这个新情况进行界定和规约。有时候，这个制定技术并没有明确说明，但是在制度规范的表达中却常常采取模糊性的、原则性的语言，描述的是较为宏大的愿景或者较高标准的要求，例如对教师岗位职责范围的约定，较为原则和宽泛的界定留下了较多的解释空间，而这一解释空间在事实上就会归于制定者或管理者。甚至可以说，解释权在制定者的制度技术在很大程度上确保的是权力始终归于管理者。制度就是这样，通过类似的制定技术确保权力的实现，确保每一个组织成员能够最大限度实现组织目标。

三 主体性践行被束缚的状况

通过约定每一个岗位的工作内容、工作程序，以及开展这些工作的时间上、空间上的要求，同时，对可能需要完成的一项工作进行具体分工的约定和合作的控制，是现代组织为了实现效率的提高所一直追求的。学校的规章制度、常规活动安排、会议以及通知等组成的学校管理系统尝试完成的就是使"单个肉体之间形成最佳组合，每个人处于最能发挥作用的位置，并与他人形成优势互补，良性组合"[1]，即为了使每一个组织成员都发挥其作用，管理系统最大限度地挖掘每一名教师个体的功能。这一过程的实质就是控制人、塑造人、支配人的现代规训的本质。

如同前文介绍的 Z 小学的制度约定和管理系统，对教师的工作事无巨细的约定和规范限定了每一名组织成员的具体践行，确保组织成员围绕岗位职责要求完成其主体践行，其根本目标是保证组织目标的完成。

为了高效率地实现组织目标，制度和规范系统在现代社会组织中被广泛应用。正是出于同样的目标，现代学校组织制定了规范化的一整套管理制度系统。这一管理制度系统紧紧束缚了组织成员——教师个体主体性的践行空间。

学校组织建设的规章制度体系归根结底是对教师个体的纪律要求，例如要求教师的肉体需要在固定的时间出现在规定的地点。按照福柯的论述，纪律不仅仅是一种分散肉体、从肉体中榨取时间和积累时间的技术，还可以把单个力量组织起来，以期获得一种高效率的机制。正是出于对高效率的组织机制的追求，学校组织通过对教师个体的时间、空间

---

① 田国秀：《学校规训教育与人的物化》，《当代教育科学》2007 年第 9 期。

以及教师个体的行动的约定，将教师个体的主体性践行加以约束，从而最大限度地在"单个肉体之间建立联系、搭建关系、形成组合"，最终获得超越"单个肉体"的力量。

具体来说，学校组织的管理规章制度系统对教师个体主体性的束缚主要表现在以下几个方面。

首先，教师个体主体性践行缺少了个体践行的制度合法性。在规章制度中，例如教师工作质量的鉴定的相关规定中，并没有包含个人尝试和努力的部分。这在事实上取消了主体性发挥的制度合法性基础。对于教师来说，主体性的践行需要个体付出更多的个人精力和情感的投入。

其次，规章制度对教师的职责范围进行了分解，这事实上就约定了教师个体主体性践行的范围和内容。每一位教师均有基于岗位而确定的职责范围以及明确的考核标准。对教师个体来说，个人多余的努力、更多的主体性践行就可能介入其他岗位教师的工作和职责，这往往导致主体性践行的失败。例如，在 Z 小学，L1 教师尝试召集五年级组的数学老师一起讨论一下教具的制作，约了四个星期都没有成功。[①]

再次，学校目标对教学任务的分解，使得教师个体并不能完整地参与"教书育人"的全过程，而只是这一教育教学过程中的某一个情境或某一个环节的负责人，成为流水线上的组成部分。一方面，教师个体失去了对教学、对课堂、对学生发展等方面的整体把握，也就意味着无法把握学生的发展目标，个体的主体性践行所需要的方向、目标等就会遇到现实困难。与之相伴的另一方面，教师个体的主体性践行往往就只能局限在所在岗位的任务之上。

最后，对教师个体任务的完成程序和完成标准进行了标准化的设计，就意味着对教师个体的行动进行了设计。个体必然会首先注意到纪律要求，然后在纪律要求的基础上发挥主体性。对个体行动的具体动作所进行的纪律要求必然渐渐成为教师个体对个人的行动标准的要求，逐渐成为教师个体行为习惯。相对来说，教师个体启动主体性、践行主体性将难以成为行为习惯。

---

① 事件具体细节见本书附录 3 的 L1 访谈记录摘要。

第三节　权力系统束缚主体性践行

学校组织内部结构的主要要素包含职位、规则、权力和角色。职位指的是个体在学校中所处的工作位置，比如数学教师、门卫、教导主任等。在一所学校内，由工作内容决定的岗位和职位在很大程度上决定了一个人在学校中的重要程度，也就是基本"地位"。如前文所言，语文教师由于其工作内容决定了他的岗位，也决定了这一个岗位的教师要比教自然课的教师在学校内的地位高。当然，必须说明的是，由于学校的组织结构并不同于组织成员的结构，换句话说，即职位是固定的，但是谁在这个职位上却不是固定的。所谓"谁在这个职位"即谁在扮演职位决定的"角色"。"角色"需要按一定社会规范表现出特定地位和特定的行为模式，可以说是"职位"这个社会地位的外在表现形式，与之密切相关的，是一套"角色"权利和义务模式。在学校内，主要的三种职业角色是教师角色、教工角色和学生角色。组织成员的行为由他的岗位、地位和角色来共同决定，岗位行为的范围和行为规则由学校制度规范加以明确。而权力在这里指的是制度和规则所确定的、岗位或角色能够拥有的，能够产生的行为结果，即影响组织功能的力量。

对于组织内的成员——教师个体来说，其社会关系网络由岗位和角色来决定，依赖于学校组织的组织结构，主要是依赖于学校的资源分配模式以及权利流动模式，等等。

一　学校内部的分化与流动

在任何一个群体中的人与人之间自然会存在一定的差别。有的差别是先天带来的、生物性差别，如美丑之分、年轻与年老之分，等等。同时也会有后天带来的社会差别，例如贫富差别、学历差别，等等。社会分化和社会流动导致社会差别。[①] 在社会学领域，分化是指基于某种标准，把社会成员分成不同的类型；流动是社会成员从一个阶层到另一个阶层。在一定的社会生活空间，分化和流动都是常见且必然的。首先，

---

① ［法］让·卡泽纳弗：《社会学十大概念》，杨捷译，人民出版社2001年版，第11页。

人类从本质上说，具有"求价"的本能，即具有赋予一定的事件或事物以一定价值判断的倾向。因此，当分类名称出现之后，人们就会引入某些名称符号，并对不同的名称符号进行价值评价。不同类别的、不同社会位置的人或集团，往往意味着获得不同质、不同量的资源和服务。人们的价值评价往往基于所获得的资源和服务，于是获得更多的也会收获更高的评价。

社会组织内的分化和流动也生动地体现在学校教师身上，与社会阶层的分化和流动不同的是，教师的分化与流动是组织内部的分化与流动。当然，适当的分化和流动对于一个组织保持活力也是必要的。

Z 小学同样存在上述论及的自然分化和社会分化，教师个体之间的性别、年龄、教龄、学历、毕业院校等方面都存在差异，这些差异可能在一定程度上带来分化。有的分化是由于学校本身的组织特点带来的，有的分化是由于学校教师的选拔规则带来的，有的则与个人在学校里的表现有关。前面第一章中已经就 Z 小学教师中存在更为明显的、按照教学工作分工①所决定的等级制度展开了分析。目前学校内部分化主要是职称、职务带来的分化，还有任教科目带来的分化。任教科目的不同带来的分化是与学校教书育人的组织目标有关的。在学校中，主科是语文、数学、外语等，副科是历史、地理、自然、计算机等，与科目紧紧联系在一起的，是对科目教学的数量、评测情况等资源和服务的不同。一方面，学校本身就设有不同的岗位，有的岗位本身对于组织职能的实现就具有核心的作用，因此相对来说，制度确定的权力和地位就更为丰富。另一方面，有的分化是校外分化延伸到学校内部的，例如教师个体所拥有的教育经历等差异。无论怎样，这些差异和分化基本决定了教师个体的收入和待遇有关。

学校成员的流动主要有校内流动和校外流动两类。校外流动指的是教师的改行、考取研究生等学历晋升、工作调动（例如调动到别的学校等）。

校内流动主要是指教师职务或岗位的变动、职称的提升等。职务的

---

① 也有学者指出，在学校内，教师的职称差别带来的等级制度更加明显。但在笔者所研究的小学组织环境内，由于职称评定的类型和空间都比较有限，分化的现象更多表现在教学工作分工上。

变动往往是向上流动——晋升，从一线教师到有一定职责的中层干部，甚至有机会成为学校领导。相对广大的一线教师来说，只有少数教师能实现这样的晋升轨迹。另一种流动就是岗位的变动，比如从教学岗转换到教工岗或者从教工岗转换到教学岗，这种情况很少发生。由于大多数中小学的教师和教工入职的条件和程序以及入职之后的档案管理和工资发放等是两条轨迹，因此岗位互换很少发生，偶尔有可能的或许个别教师由于一些原因已经不适宜教学，还有可能的情况是有个别教师认为教学任务艰巨而主动要求调换。

在 Z 小学，主要的校内流动是工作分工的晋升。路线图：副科教师—主科教师—低年级班主任—高年级班主任的晋升路线，这一晋升路线之所以出现，很大程度上，由于对于小学来说，职称评定的基本原则是绝对优先主科教师，而在主科教师中，绝对优先班主任。对于小学内的班主任来说，小学二级教师和一级教师这样的职称是比较容易的，而高级职称则基本上是可望而不可即的，因为名额非常少，而觉得大多数都被用于学校管理人员的临退休前的"问题解决"上。

在 Z 小学，这些分化和流动是由于历史原因带来的单位制组织色彩、由于学校本质属性决定的半科层特点的共同作用。这些分化和流动决定着教师个体的组织位置和社会关系网络，进而决定了教师个体的实际组织生活。

二 角色定位与"权力"位置

对学校组织成员来说，分化和流动着的是组织成员的角色定位。在学校组织内，角色可以区分为管理者与被管理者角色、主科教师与副科教师角色、老教师与新教师角色、在编人员与临时人员角色、教师与教工角色，等等。学校组织每一个成员的角色定位都是围绕组织结构这一核心展开。每一名成员的角色行为和角色要求，取决于这个角色在学校内部权力结构中的定位。这一点也在本书第一章的问卷数据中得到印证。教师个体的社会地位与教师个体对个人价值在学校组织内的期许和行为表现存在显著的差异。

在我国学校内部权力结构中，现代科层制和单位制共同决定了组织结构中的职位、角色等，进而决定了学校组织成员的"权力"。

传统意义上的权力指的是一个行为者或机构影响其他行为者和机构

74

的态度和行为的能力，即影响力。在学校组织内，能够产生影响他人的态度和能力，往往或者来自职位赋予的权力，或者来自关系赋予的权力，或者来自这两者的结合。

科层制的组织结构中，学校成员的角色定位取决于"职位"，个体所处的位置——"岗位"决定着成员的态度和能力。不同的岗位带来的"权力"是不同的，关键或许在于是否处在某些资源的"适合"的岗位。例如，校长办公室的工作人员对一些资源的流动来说，具有较强的影响力，财务室的人员则可能对另一些资源的流动具有较强影响，等等。他们不一定具有专业权威，但他们所处的岗位职责要求他们靠近学校的核心管理层或者靠近资源的流动核心，因此掌握核心的信息等。早一步获知某些信息往往就意味着影响力。

在我国的学校组织内，受到单位制以及其他文化传统的影响，学校往往还存在基于依靠关系网络赋予的权力。关系网络是隐藏在职位权力背后的、不可忽视的影响力。因此，学校内每一个成员的角色往往由职位角色和非职位角色组成。非职位角色，即社会关系网络决定的影响力。职位角色是外显的、表面的，非职位角色是内隐的、潜藏的。职位角色，就是本章第一节所描述的由于岗位职责带来的角色要求和角色行为。非职位角色是由教师个体在其人际交往发展而成的社会网络中的角色。这两种结构常常表现出错综复杂的相互关联，有时还会重叠在一起。教师的职位角色往往意味着个体在学校组织中获得信息的位置和方式，信息的获得是权力的一种象征，甚至有时候直接就意味着影响力。信息与权力的获得方式和路径就标志着教师个体在学校社会网络中的地位。有的时候非职位角色来自于职位角色，有时候，非职位角色又可能来自于教师个体与某一个权力中心或信息中心之间的紧密关系。这个紧密关系有时候是岗位带来的，有时候是私人交往带来的。所谓私人交往带来的，就是生活中我们常说的"裙带关系"。

在 Z 小学，由于学校的大小结构有限，社会关系网络的角色分化和流动较有限，处于较为稳定的状态（组织稳定比较典型的特征是现任校长从 2003 年上任至今）。教师作为学校成员的角色在职位角色和非职位角色上的定位已经基本确定，信息流通的方向和路径与权力流通的方向也基本稳定，利于本研究的开展。

第四节　规训对践行空间的消解

通过对 Z 小学正式学校制度和非正式学校制度的分析，可以发现，学校的规章制度所决定的校内组织成员的践行规则是具体而明确的，学校内权力关系网络正在通过界定教师个体的岗位范围、界定教师个体的时间空间位置、界定教师的工作程序等规训手段，实现对教师个体主体性的规训。这对于教师个体主体性的践行来说，意味着践行空间的消解。

一　制度规范对教师个体的规训

如前所述，学校的规章制度对教师的岗位职责进行了范围上的界定，同时围绕岗位职责对具体的工作内容、工作程序和工作要求也进行了具体的约定，这些是通过明确制度的方式使得每一位教师都明确了各自的工作范围和具体工作内容，也明确了学校或当权者对其工作的基本要求和规定。以规章制度的方式，学校组织实现了对教师教学行为、课题研究行为等校内工作行为的"控制"。

制度规范还确定了对教师工作行为的监督和检查机制，并在制度规范体系内将教师的工作检查和评估结果与教师个体的工资收入直接联系在一起，构成了对教师工作行为的控制体系，并保证了这一控制的效果，并将控制的权力把握在"当权者"手中——解释权归"校级领导"。

制度规范对学校内的基本活动进行了规定。除此之外，学校还会有很多日常的、临时的或行政的事务，学校组织就会通过会议、通知等丰富的组织行为方式对涉及的权力分化方式、教师工作内容、工作程序以及评估检查方式进行具体的说明和约定。如此一来，同样可以实现"校级领导"的系统控制——规训。

学校内的人际交往网络是权力组织和分配的关系网络。校级领导需要强有力的支持"系统"，同时中层干部、教研组长等不同的、处在组织系统中不同位置的教师个体也需要在权力系统中，拥有更多的信息网络、权力路径。几乎每一个教师个体都参与了学校内权力关系网络的"交流"。关系网络也成为一种规训力量。权力关系网络对教师个体来说，是弥散在每个教师周围的一种影响力量，这种力量并不激烈，往往是温和的，但又是无处不在地对教师个体的教学行为、人际交往产生具有再生性的力量，使得教师个体慢慢养成了符合"需要"、符合"规定"的行为习惯。正如福柯所论述的，规训的结果是产生服从社会规范而又熟练的肉体，即驯服的肉体。

在福柯看来，权力是一张广泛存在、普遍地发挥作用的关系网络，关系网络自身已经形成一种特殊"有机体"，这个有机体的基本规律在冲突与对抗中能够产生变化、产生再生产，同时，还拥有独特的发挥影响力的"战略"。简言之，权力网络具有"有机体"的属性，即能够生产现实、生产对象领域和真理仪式。① 对于福柯而言，现代社会就是"知识和权力"结合在一起，形成了对个体行为动作以及行为网络的要求和限定，这些要求和限定逐渐成为社会中的每一个人的行为标准，这些要求和限定成为社会中每一个人的行动现实，对程序的规定成为每一个人的行为习惯……于是权力实现了对每一个人的操纵。这就是说，规训是基于权力的生产性而实现的。在这样的社会组织中，只可能有顺从的人格，不可能产生具有主体性的人格。这恰恰是福柯对于为什么在现代社会仍然无法产生主体性自由的解释。

二 规训消解主体性的践行空间

如前所述，福柯认为现代社会就是一个以管制和控制为唯一目标的"规训"社会②，现代社会制度的确定和执行就是管制和控制的规训，即对人类肉体运作微妙的控制、使肉体的种种力量永久服从的技术方法或手段。规训的发生在于利用这些技术方法或手段解除了个体对其主体性践行的"掌控"。

结合 Z 小学的学校场域，发现：教师个体所从事的具体劳动内容（例如主科教师、副科教师等）几乎决定了他在学校组织中的资源与权力交换和支配的方式，进而决定了他们与同事的互动、与学校管理者之间的关系。同时，教师个体在学校内承担的教学任务分工、教学任务

---

① ［法］福柯：《规训与惩罚》，刘北成、杨远婴译，生活·读书·新知三联书店2007年版。

② 陈嘉明：《现代性与后现代性十五讲》，北京大学出版社2006年版。

量、所取得的教学成果（实际是学生的成绩）等是教师获得制度评价、资源交换的位置、组织内的相对权力等的重要依据。这导致了教师更加依赖对劳动分工具有"影响力"（实际具有决定性影响）的管理机制和管理人员。

　　这些普遍存在的关系决定了教师个体认识和运用学校规章制度和管理规则的践行，决定了个体主体性所实际拥有的践行空间。高度的依赖在事实上就促使教师个体逐渐成为学校组织内的规训肉体，教师个体践行主体性的空间在事实上必然被消解。

第四章 个体主体性的价值认同

推动教师个体主体意义感生成的重要条件是，主体性在践行中得到价值上的认同。价值是意义的核心组成部分，如果没有价值的认同，意义感就不可能生成。

对教师个体来说，其个体价值主要体现在两个方面。其一，在岗位要求的职责活动中，教师个体的教学经验、个人偏好、个人体悟等被认可的情况。其二，在岗位要求的职责考核中，教师个体的教学经验、教学机制等被认同的情况。由于教师的主要职责活动围绕教学展开，可以说，教师个体的主体性价值主要体现在教学活动和教学质量评估中。对学校来说，对教师个体主体性价值的重要认可方式是学校组织管理制度和评估制度。

第一节 Z小学教师个体主体性的价值体现

教师个体对于教师的主要劳动内容——教学活动的开展并不掌握真正的自主权。学校通过细致的时间和程序上的约定限定了教师个体开展具有主体性特点和主体性价值的教学活动的可能。

一 时间和空间的限定

结合教导处J主任的介绍和参与式观察，Z小学授课教师每一天教学活动的时间和地点安排如下。

按照学校要求，早晨7点老师们应该到岗了。学校里规定教师要在学生早自习之前到位，要记考勤。如果担任班主任的，则需要到班上跟早读。我需要检查班上老师到位的情况。如果是副科教

师，也必须到学校，可以不进班。（J1）

早读后是第一节课，没有课的老师可以在教师办公室备课或处理其他事情。但不能离开上班地点。有的老师就住在办公楼顶楼的教师宿舍，按照规定也不允许回宿舍。教师们可以在食堂吃早饭。（Z2）

上午两节课后是课间操时间，课间操要求班主任必须在班级里面进行监督检查。室内的眼保健操和室外的课间操，都要求班主任和副班主任到场监督指导。其他教师可以参加，也可以不参加。大多数老师都仍然在办公室里面准备自己的上课材料或做其他事情。不少没有课间操和早操到场任务的老师（主要是副科教师），都会选择上网，或者聊天或者浏览。（J1）

上午教学时间四节课，一般是安排主科授课。中午有将近两个小时的午休时间。学生们中午并不离校，有的家长会在中午时间到学校跟班主任或某位任课教师共同交流，有的老师会在办公桌上趴着休息，也有的老师在备课或做其他的事情。也有个别特别跟校长说明情况的老师可以中午回家吃饭或者回家休息。下午有两节课，一般安排副科教学或主题活动。学校在 4 点左右下课，学生离校，教师们的下班时间是下午 5 点半。5 点半之后，教师们纷纷下班离校。（Z2）

Z 学校是一所小学，每年一、二年级的小学生总是需要重点关注。学校因此要求一年级教师和班主任等均不能在办公室休息，即使在没有课的时候、课间休息的时候，也应该在教室里面跟学生待在一起。教师们除了完成课堂教学之外，还要承担"非课堂教学活动"。

教师的日常备课在各自的年级教师办公室里进行，备课的参考资料主要有教材、典型教案（人教社出版的）和备课本。备课的程序是要求教师在备课表格上填写好教学内容、教学目标、教学程序等基本内容。学校定期（一周一次）检查教师的备课本。只有通过教导处检查盖章的备课，方为有效备课本。学期放假前，教师需要将每一节课的备课本交到教导处存档。

五年级组的几位语文教师一起在某书店购买了教师备课用书，所以这几位教师备课本的内容基本都是照搬照抄，包括基本表格内容、扩展阅读、扩展训练等。备课本对于教师来说，是准备交教导处检查的材料。教导处的 J 老师说，他们每个学期的重要工作就是检查教师们的备课本、收集各种表格。也有老师都承认"备课本是备课本，上课是上课，很少照着备课本进行"。

Z 小学对教师个体的日常活动的精心安排，导致教师个体对于教师的主要劳动内容——教学活动的开展并不掌握真正的自主权。这种时间和空间上的限定，其实质是对教师个体的纪律要求，是对教师个体主体性价值的割裂，导致教师个体主体性的价值在日常的教学活动中无从得以体现。

二 程序和标准的界定

以 Z 小学的教师教研活动为例，可以观察到学校对教师个体参与的教学活动的程序和标准都有着较为严格的限定。

首先，每周三都要举行全校教研活动，由课题组长或年级组长负责开展。主要会议内容是确定协调一周内要讲授的内容，保证各班进度一致。以五年级教师语文组为例，教师们的教研活动不一定安排在会议室进行，有时候就是在教师办公室里，几张桌椅凑一凑，就算是开始了。所有的备课活动或科研活动都有专门的记录表格和模板，活动结束之后要直接上交，往往是交给教导处。如果遇到特别重要的事情，尤其是年级组长开了校长例会，有会议内容需要传达或者任务需要布置，才会更加认真地到备课室协调时间，召开教研活动。日常的教研活动包括商定作业内容、集体备课、反馈作业批改注意事项、提醒或组织听课活动等。

Z 小学的一个特色听课活动是"推门听课"，指的是教导处和校长办公室安排的校级领导听课活动。这类听课事先不通知，是由听课领导随机决定到哪个年级听哪位老师的课，对教师们来说，校长办公室通知某几周有推门听课活动就是一项重要的教研活动主题。因为，不仅仅教师的课堂教学将接受检查监督，课题组的活动成果，即教学进度等也要接受检查监督。

听课之后接着的是评课活动。对于听课和评课的数量和时间节奏的要求都是统一明确的，具体的评量标准也是校长和相关领导反复强调的，最终落实在该校的《制度手册》上。Z 小学 H 校长认为，评课时应有四到位，即优缺点评价到位、上升理论高度到位、教师总结到位、听课反馈到位。因此，学校教研室还设计了评课表格以体现这四项重要评课内容。

所有这些活动的参加情况和记录材料都要集中在教导处，教导处将对这些表格和资料进行编辑整理，以掌握教师们的教学、班级和科研活动的情况。这些情况都将通过一种约定好的形式纳入教师本人的评职称、评先进等各种评估活动中。据 J 主任的介绍，如果不跟评职称挂钩，老师根本不搭理这些，所以只能认真统计整理教师们的活动情况了。这正是本书第三章所论及的主体性践行问题。

教师个体主体性的权力与学校组织管理者之间的权力的博弈，组织管理者获胜的有效工具就是对制度规定的掌握权。学校组织者不仅仅要把握教师个体的行为习惯，还需要使用规章制度对教师个体工作水平和质量进行"界定"，即纪律。在这样的纪律约束之下，主体性的价值体现在哪里呢？

第二节　主体性价值被贬低

一　监督和检查对主体价值空间的挤占

在 Z 小学的访谈中，听到不少教师都在抱怨"每天忙于填写各种表格"。为了更全面了解表格填写在教学工作中所占据的位置，在问卷调查中设计了相应题目。问卷数据清楚地呈现出教师们对所从事的教学工作的主要意见：教师个体职业生活中太多时间和精力被"重复性劳动"和"各种各样的表格"所占用。问卷数据详见表 3 - 2 和表 3 - 3。

表 3 - 2　　　　　　　　　　耗时原因频次分布　　　　　　　　单位：%

		频次	百分比	实际百分比	累计百分比
量值	要求或表格太多	26	17.9	17.9	17.9
	重复太多	78	53.8	53.8	71.7
	个人能力没准备好	11	7.6	7.6	79.3
	个人感兴趣	8	5.5	5.5	84.8
	应该慢慢来	22	15.2	15.2	100.0
	合计	145	100.0	100.0	

表3-3　　　　　　　　　　精力耗费原因频次分布　　　　　　　　单位：%

		频次	百分比	实际百分比	累计百分比
量值	要求或表格太多	21	14.5	14.5	14.5
	重复太多	50	34.5	34.5	49.0
	个人能力没准备好	24	16.6	16.6	65.5
	个人感兴趣	11	7.6	7.6	73.1
	应该慢慢来	39	26.9	26.9	100.0
	合计	145	100.0	100.0	

表格和监督过多，挤占了主体价值展现的空间。因为完全通过既定表格的方式展现教师个体主体性价值，必然使得个人的教学经验和教师对教学活动的参与程度、教师个体与学生之间的互动氛围等无法明确进入评估体系，而使得教师个体的主动因素更多处于不被官方承认的尴尬境地。

对教师个体来说，由于其教育对象是少年儿童，因此教学成为一项杂糅着知识、技术和机智的工作，专业知识的学习并不能帮助教师驾驭好每一节课堂教学。完美的课堂驾驭需要经验的慢慢累积以及注意力和情感的投入。对于学校组织而言，更多关注的是组织和管理学校内的人、事、物，应该采用的是制度化、系统化的方式。视角的不同导致了巨大的偏差。最直接的表现就是学校为了更好地控制教学过程和教学结果，借用组织系统的管理模式，将复杂的教学劳动细化分为了一系列的系统的简单元素。其目的是尽可能消除教学效果、教学质量等对教师个体的专业知识和技能的要求，尽可能地消除教师个体经验和价值的影响。这一过程在哈里·布雷弗曼[1]那里被称为"去技能化"。去技能化自然有其意义和价值，但是对劳动者——教师个体而言，对教师的个体主体性而言，是一个悲剧。

以教师的课堂教学为例。按照教育学中教学设计的基本框架，一个完整的课堂教学周期从制订教学计划开始，需要确定教学目标、具体的教学内容、选择教学多媒体材料、确定教学的策略，然后实际完成课堂

———————

[1]　[美]哈里·布雷弗曼：《劳动与垄断资本》，方生、朱基俊、吴忆萱、陈卫和、张其骈译，商务印书馆1978年版。

教学，课堂教学后需进行教学评价。提高课堂教学质量、完善教学设计需要教师的专业技能和专业训练，需要教师个体具备多种类型的专门知识和技能。例如，如何依照学校和学生的实际情况理解国家课程标准，选择适当的教学材料；再如，如何结合本地区的特点和学校的建设目标确定具体的教学目标等，是不仅仅需要学科的专业知识的，还需要教学论的专业知识和技能，有时候还需要教师有计算机、英语，甚至琴棋书画的知识背景。甚至还需要特殊教育的技能，就是面对特殊的主题、特殊的学生、特殊的情境，需要知道该选择哪种教学方法、哪种教学策略。正因为需要这些技能，正是因为教学的不确定性、难以捉摸性和模糊性，对于教师个体的主动性、思考性和判断力来说是一个相对较高的要求。正是由于需要每个教师的这些特殊技能，学校改革和学校质量工程等才会强调教师的主体性、教师的专业自主权和专业自主能力。

但是，在学校实践中，制度和规范恰恰是围绕这一整个教学周期来确定的。如前介绍：Z 小学的教学活动安排中，能够发现教学的基本进程是由学校安排相关的部门进行分层的统一组织和管理的。例如，学校将目标下到教导部门，由教导部门组织教研组来完成，教研组将具体规划和安排每一位教师的课堂教学。教师的备案本是需要被教研组"审阅"和"批准"的。原则上，教师个体可以依据自己对课程标准的理解和个人专业知识的积累进行个性化的教学活动设计，但是所有的课堂教学效果和教学质量评估有关的标准并不是教师本人，也不是其他教师，甚至不是学校的教学主管领导，而是外在的制度安排。对于 Z 小学来说，所有的教师教学行为的终极检查就是由区教委统一设计和安排的学生水平测试。同时，为了能够有效率地实现教学质量和教学效果的提升，绝大多数教师倾向于接受来自教学主管部门的意见和指导。这些意见和指导往往是通过一些正式和正规的途径被"推广"的。

除了前面提到的例会要求、推门听课等管理策略之外，学校组织还进行了制度规范体系的建设。确保效率的现代化管理策略是将复杂的教学过程拆分为一系列独立的且具体的程序和步骤，这样，只要能够明确按照程序和步骤来，就能够在一定程度上确保组织目标的推进和完成。明确下来的程序和步骤还允许复杂性、随意性和控制性的程度发生一定变化。对学校组织来说，就是学校的评估和检查制度和体系，将复杂的教师工作和复杂的教学过程拆分为具体的项目和内容。通过这些可以测量和操作的项目和内容，制度和组织成功地界定了教师的工作，进而，教师被彻底从构思、设计和计划他们的工作中分离出来，无法实现个体主体性的价值。

二　量化考核对主体价值的贬低

现代学校组织的管理为了确保效率和效果，倾向于采取量化的方式完成评估。例如，教师的科研水平是以"科研工作量"为基本指标的，由学校相关管理部门设计一整套的核算标准。教育实践中的一线教师在评估体系下"被"要求去关心"效率和效果"。事实上，对一线教师来说，手段和方法才是他们必须要关心的。以 Z 小学的一位普通数学教师为例，职责范围内要求完成的工作量包括：每周需要至少讲课 10 节、批改 400 多份家庭作业，每学期还需要完成七次单元考试、一次期中考试、一次期末考试，如果加上职责范围要求的家长会、不定期做家访等教学事务，这些工作已经足以使一位教师在校工作期间忙碌不停了。如果再加上班主任等可能更加利于晋升的工作内容后，对普通教师来说，如何"多快好省"地完成教学任务，才是应该重视的了。

在这中间，除了现代组织追求效率和效果这个原因之外，还有一个原因在于教育理论与实践的脱离，更具体地说，就是一线教师并不具有对决定教学效率如何，教学效果如何界定的话语权。上述那些规定和标准是由谁来制定的呢？多数教学程序和评估指标并不是由从事一线教学的教师，而是由专职专家来研究设计。

举例来说，近年来，不少教育学者关注到一个备受教育行政机关和执教机构重视的研究成果：教师专业化将大大提高教师专业素养，进而提高教学质量。教师专业化发展中的一个重要关注点是教师科研水平的提高和发展。与这一学术上的发现相适应的，不少学校都设置了课题组、科研室等机构，鼓励教师们搞科研。这两年，对教师科研能力的要求越来越多、越来越高，甚至在一些学校开始变成了硬性规定。以 Z 小学的骨干教师评选规定为例，明确写着：每学期一篇 1500 字以上论文。于是，教育学者们对教师专业化的期盼对教师来说，成为每学期又添了一项工作：写一篇研究教育问题的论文。对教师个体来说，这意味着完成一个教育问题的研究。对管理者来说，这篇论文的唯一标准可能就是：1500 字以上。

第三节 绩效考核操纵主体性的价值认同

学校的考核评估是学校对教师个体专业自主性和专业自主权的重要认可方式。在这里，以绩效工资制度对教师个体主体性的价值认同情况展开集中讨论。

Z 小学实行的是岗位绩效工资制度。工资主要分为岗位工资、薪级工资、绩效工资和津贴补贴四个部分。

其中，岗位工资坚持"以岗定薪、岗变薪变"的原则。薪级工资根据职务、任职年限和工龄等因素来确定。绩效工资则由学校自主分配。津贴补贴参考国家统一制定的政策发放。在这里主要探讨由学校具体制定的绩效工资制度。

绩效工资制度的基本原则是按劳付酬。一般来说，若要实行绩效工资制度，首先需要出台与教师工资收入相关的岗位聘任、工资分配和业绩考核等实施方案，构成相对完整的教师业绩工资制度；然后以学校、教研组和教师自评三层评估的方式，对每一位教师进行岗位业绩考核；最后由人事部门和科研管理部门进行审核并发放绩效工资。

不可否认，绩效工资确实能够在一定程度上鼓励劳动者的劳动积极性。但是同时也应该看到，绩效工资制度鼓励教师朝着某一特定方向发展，进而构成唯一发展方向，约束了教师的个体发展自主性，而且在事实层面，实现对教师个体价值的界定。这就对教师个体对自我主体性的认知、对自我主体性价值的认知带来操纵性的结果。具体来说，包含以下几个方面。

一 强化教师个体的从属地位

绩效工资尤其是学校发放的绩效工资强化了教师是学校雇佣人员的意识，强化了教师的从属地位。

过去，当教师的工资全部甚至大部分是由国家统一发放的时候，教师和国家之间还有一段遥远的距离来隔离这层雇佣关系。现在，教师工资的大部分是由学校决定的绩效工资，这直接导致这样的印象：教师是学校的员工。对于教师而言，大大损伤了教师的"专业自由"意味。同时，对于行政人员来说，则大大强化了其"管理"教师的观念。

　　Z 小学教师的绩效评估由学校的校长办公室牵头，教导处、科研室、各教研组为主体展开。一般都是由学校校长、教导处主任、教科室主任等相关领导来管理组织各教研组的考核和评估，客观上形成了绩效评估成为学校领导从上到下、对教学教师的评估和考核局面。

　　对于教师而言，最能够体现其教学价值和工作能力的绩效工资由学校的上层管理部门制定政策、运行政策，几乎不可能参与政策的制定和绩效评估过程，强化了教师的受制于学校管理部门的意识。

　　绩效工资制度就借由绩效评估，实现了弱化教师在学校的主体地位、加强行政部门的管理地位的作用，客观上造成并强化了教师的从属地位。

二　分化教师个体的岗位等级

　　伴随教师从属地位强化而来的，是绩效评估结果客观上造成的教师的等级分化。

　　绩效工资制度的基本原则是按劳付酬，自然就需要将劳动者的劳动成果分为若干档次，然后根据不同的档次发放不同的绩效奖金。在客观上必然造成以劳动成果为衡量指标，将教师评定为各个岗位级别。劳动成果的多寡已经构成了教师的绩效差别，然而这些绩效差别在计算为工资报酬的时候又需要参照不同的计算标准。

　　岗位等级依据在实际中将被至少计算两次。在中心小学，教学教师分为三类，班主任语文或算术双包一类，科任教师一类，图书、档案管理人员一类。这一分类是以所授科目为标准的。第一类语文算术双包的，只要是班主任，就计为满工作量，科任教师 18 节为满工作量，图书、档案管理人员 8—12 节为满工作量。岗位补贴中还规定：校级 45 元，中层和班主任 35 元，科任后勤人员 25 元，非教学人员 15 元。类似的补贴和奖金发放基本都是依据这样的岗位等级：学校领导是第一级别，班主任和中层是第二级别，后勤人员和科任教师是第三级别，非教学人员是第四级别。在这其中，恐怕科任教师最郁闷了，就是因为所学专业的不同，同样 40 分钟的一节课，对班主任来说，就是全部的 1.6 元，对于科任教师来说，需要首先"白"上 18 节，然后再算。即便同样上课，科任教师是属于后勤人员一类的"基层"教师，而班主任属于"中层"教师。

这种以授课科目为依据的计算标准伴随学校的绩效工资制度渗透到教师的全部薪金报酬的环节之中。

同时，绩效评估工作的领导成员绝不会是普通的科任教师，而只可能是具有相当影响力的中层教师——语文、数学教师。于是越是从制度中获利最多的人群越能够参与制度制定和实行的过程内部。

当教师的各种收益报酬均紧紧围绕其所授科目、职称展开的时候，所授科目的意义就不仅仅是一项指标，而成为教师自身在学校中的等级位置。这在客观上造成了学校教师的等级分化。在学校中的教师至少列为三种地位：规则制定和利益既得者、利益受益者和规则制约者。

三　规范教师个体的发展方向

绩效评估的基本规则是由学校制定的，学校可以通过相互联系的制度确立每项工作在整个绩效评估制度中的比重，从而产生一定的导向作用。一项制度化的绩效评估指标能够明确地表达学校的核心工作内容。学校的组织目标就通过管制教师的报酬收入的方式，达到规范教师个体发展方向的目的。

评估了教师方方面面工作的绩效工资促使人们将绩效评估罗列的"成绩"认定为真正的发展目标，进而理解为唯一的发展方向。这在很大程度上约束了教师个人的发展方向。教师的学术活动可能就在这样的导向中偏离了自己的学科教学，脱离与课堂贴近的教学实践，而更多偏向于重点扶植课题或理论性话题（与教师行动研究的实践取向相违背）。简单说，绩效工资需要论文数量，各期刊倾向于刊发热门话题或理论性研究论文，于是，人们必然会更多关注热门话题或研究性论文。从长远来看，试图通过提高教师科研能力进而提高课堂教学质量的教师发展路径将受到冲击和影响。

除了以上几个方面，绩效工资的存在还会使人们将教师收入低理解为教师能力不足。也许绩效工资的原意是鼓励、奖励付出额外努力、做出突出贡献的教师劳动，但是在客观上造成了教师收入的差别。这容易造成一个假象：部分教师收入低，是因为他们没有获得足够的绩效工资，而没有获得绩效工资是因为不够优秀、能力不足。而实际上，造成绩效评估差别的唯一原因在于教师所学习的专业知识的不同（带来所授科目的不同）。这样，绩效工资表面上是以上课时数为指标评定收入和奖金。未来，下一步，绩效工资制度方案成为教师能力的指标。为了表现出、体现出个人的能力，教师不知不觉、逐渐陷入绩效工资、绩效评估指标体系的制度约束之中。绩效工资制度成为约束教师行为、评定教师能力的管制工具。

最后，部分教师为了获得足够的绩效工资和高额的绩效奖金，付出了额外努力而超额完成工作量，却使自己成为绩效工资制度进一步制度化的工具和"帮凶"。因为这可能造成两个危害。其一，容易使人们忽视教师工资低的现象，只看到部分教师的高收入，将之理解为一种常态。教师为了取得高收入，通过个人的超负荷努力获得奖励性报酬的工资补贴不应该算入基本工资范围内。其二，逐渐抬高教师的工作量指标。当部分教师通过个人努力获得高收入时，容易使人们产生一种错觉：教师能够并且应该完成这样的工作量。造成教师的工作压力越来越大，只能将有限的精力进一步集中在短期收效的工作上，进而造成前述的种种后果。

与绩效工资制度相类似的职称评定和晋升方式的分析，研究发现，教师个体的经验和情感的投入等并不能够被相关制度所发现及重视。学校的制度没有留下对教师个体价值的认可的空间。

第四节　标准化对主体性的压抑

教育教学活动是直接与人打交道的、直接与知识打交道的，因此"规范和标准"的机械化在教育教学活动中，所展现出来的"侵袭和宰制"极为突出。其中最重要的原因是机械的节律与生命本身的节奏并不能够相匹配，这给人们带来了重大伤害——对生活其中的人们的意义感的挫伤。

一　标准化压抑了个体主体性

现代性的标准、科学化往往会忽略具体个体的生长和发展的过程，忽视可能带有节律的过程，导致具体个体潜在地受到压抑。

以教育心理学上对学习重要环节——顿悟为例来进行说明。因为顿悟具有突发性、独特性、不稳定性和情绪性等几个本质特点，因此对于学校教师来说，是需要结合当时当地的教育情境，使用适合的教学材料才有可能激发学生的过程。具有情境性、独特性、情绪性的课堂教学依赖的是教师的教学机制。这些特点从本质上来说，就意味着在不同的情境下、对不同的个体而言，什么时候产生顿悟是不可预测的。在具体的教学情境中，对不同的学生个体何时产生顿悟？需要经过哪些积累才能实现？对于一线教师来说，这是必须要回答的问题，而这些问题的答案在不同的个体那里则是不同的。现代学校在设计课堂教学程序时，只能隐退学生个体的具体特征。大多数情况下，依据相关的教学计划的进度安排，无论你快还是慢，学生们都"应该并且只能"在几乎同样的时刻产生顿悟，实现教学目标。学习的过程由于几近刻板的教学进度安排的限制，留给学生的余地少得可怜。教师的教学和学生的学习都成为缺少个体的程序化过程。

事实上，除了对个体之间学习进程的差别的忽视之外，现代化的教育教学对整体的过程的忽视也是极为明显的，正如前面提到的，由于顿悟的发现，据此教育学家"研制"了促进领域的一系列方法和策略。这些方法和策略无疑是一系列"拔苗助长"的方式，这与工业化养鸡场内调整灯光照明的节奏以加快幼鸡成长的节奏行为的本质是一致的，都是忽略了人（动物）的自然成长的节奏。或许正如福柯所指出的那样，"现代社会是一个知识和权力结合摆布个体的社会。在现实的社会和学校生活中，不正常往往不是你错了，而是你未达到一定的标准"。

归根结底，正由于现代性的理性诉求，生产生活中常常会忽略人的智慧成长的"生活"特点和顿悟特点，对个体的学习的节律视而不见（或者是采取规范化的方式应对）。

二 标准化贬低了主体性价值

现代社会所带来的劳动者与劳动对象的对立，导致了个体主体性异化现象。异化同样存在于学校环境内，体现在教师的教育教学活动中。这一对立带来的工具理性的诉求已经对教师个体的主体性价值产生了深刻影响。对从事教育教学活动的教师来说，目前的教学活动更多是一种规范程序的操作，其主体性价值往往处于被贬低的境地。

从整个学科内容来说，由国家课程标准和教材来具体确定，到学校层面，则由教研组的统一备课来决定，教师个人对知识的理解和认识较少体现在教学内容之中。对于教学效果的评价和评估也是依据原定的教学目标来进行，同时，评价和评估的方式也基本采用定量的指标评价方式来实现。定量的指标评价方式将教育教学的效果——学生的成长和发展演变为一系列的试卷分数和量表得分。

或许正是前面提到的劳动与劳动对象的对立、生活与生活对象的对立，劳动生活几乎可以回避了劳动者的个体特征，这导致了劳动者在职业劳动中几乎体会不到个体的情感和主体感，从而带来了由于关系的疏离所造成的意义感缺失。

同时，学校组织更多借助制度规范对教师教学质量和教学劳动展开评估和考核，将导致一个严重后果是：教师个体不能产生对其劳动价值的认可或认识。简单说，就是"我不知道自己干得怎么样"。最直接的原因是劳动的质量由劳动之外的因素决定。例如，我"优秀与否"不是我个人决定的。即使我干得很认真，我努力地成为个人心目中的优秀教师，或者努力符合学校制度规定的优秀教师的工作标准，但是，由于评价主体不是自己，是"别人"完成的评价，"别人"对评价标准的把握是我所不能了解的。再者，我也不知道别的教师完成得怎么样，因为优秀的评价在于我要比别人做得好，甚至是由行政机关给予的优秀名额来决定。教师个体与其主体性价值判断之间产生裂痕，这样一来，必然同样导致了主体意义感的缺失。

第五章　结语

基于对 Z 小学的观察，笔者发现：由于教育管理体制的宏观安排，学校的主要资源均由教育体制自上而下进行分配，校长承担着较多的学校内管理责任；学校的组织管理往往采用科层体制；教学活动的管理制度往往借鉴了现代制度的标准化和规范化原则。这些学校制度的安排一方面保证了学校组织有序运行、保障了学校组织目标得以完成，另一方面，教师个体主体性的存在与意义的生成带来了深刻的影响。

一　本书的主要结论

在笔者看来，主体性的存在是意义得以生成的重要条件。教师职业生活意义感的缺失正是由于教师个体主体性缺少自觉，而学校制度设计又忽略了教师主体实践的空间，教师主体性活动的价值无法得到学校制度的认可。具体而言，体现在以下三个方面。

首先，教师个体主体性缺少应有的存在空间。由于历史的单位制组织色彩、学校本质属性决定的半科层特点的共同作用，学校的资源分配方式过于单一。教师个体的具体劳动内容几乎决定了他在学校组织中的资源与权力交换和支配中的地位。教师个体表现出明显的依附特点。教师个体对学校制度和管理模式的依附在事实上解构了教师个体主体性的存在空间。

其次，学校的制度设计束缚了教师主体性践行的空间。学校的规章制度体系通过精致的规则系统限定了教师个体主体性的践行方式和内容，学校的资源配置方式进一步展现了学校的权力系统。无处不在的权力系统拥有操纵教师个体践行的束缚力，造成规训的事实，规训造成了教师个体实践空间的消解。

最后，教师个体主体性的活动及其价值并不被学校制度所认可。教师在教学活动中的价值和意义更多由量化评估和程序考核所决定。时间和空间以及程序规范限定了教师个体的教学活动，监督和检查限定了教师对教学活动的参与、教师个体与学生之间的互动，绩效考核制度并不能够体现教师个体的经验和情感的投入等。学校的制度没有留下对教师个体价值的认可的空间。

基于上述分析，本书认为，正是由于教师个体的主体性存在、主体性践行以及主体性的价值认同均在一定程度上受到当前学校组织知识和权力结合于一体的权力网络的束缚，导致教师个体在其职业生活中很难生成意义感。因此，本书认为，打破由知识与权力结合于一体而形成的学校权力网络才是改善职业意义感缺失现象的根本，才是对学校组织进行改革的基本出发点。

二 学校组织制度的现实选择

当我们试图要解决的问题涉及具体个人的具体生活时，应该清醒地认识到，有很多事实是不可能或者无力改变的。

首先，学校自身不可能改变自己在整个教育行政体系中的位置。国家层面的教育目的的实现需要通过这一严谨的行政体系来逐步实现。教育改革调整至今，国家教育目的的实现主要通过国家课程标准的实施。针对各门课程的国家课程标准已经明确了各级各类的学生的各门课程的内容和应该实现的目标。

其次，教学工作中自然分工永远存在。教学工作需要有直接面向学生的课程教学工作，还需要有协调组织和监督管理的教学行政部门；既需要有承担着巨大且重要的课程内容教学的教师，也需要有承担着目前容易被忽视和轻视的副科课程的教学教师；班主任的职责范畴确实远远超于所谓课程教学和班队会议的安排等内容……这些教学工作中的自然分工要求制度建设中必须考虑到这些差别，并体现出这些差别。

最后，集体教学是现代教育的普遍体制。中国作为人口大国若想尽快成为人力资源强国、实现现代化，教育的规模不能缩小、学生的发展目标不能降低。而如此数量众多的学生就在我们的课堂之中，不能忽视这一现实，而盲目要求教师实现全面个别化的评价方式。目前我们的师生比巨大是客观现实，在现实情况面前，不可能完全丢弃标准试卷等量化的评估方式。

三 学校组织制度的可能选择

有意义感的职业生活要求主体性的充分参与。对于教师个体来说，就意味着教师对个体的主体性、对个体的主动践行以及主体性的价值都能够有较为清晰的认识和理解。这不仅需要个体的努力，还需要学校组织的制度改革，加强教师个人与教学生活以及制度空间之间的相互照应。从根本上来说，就是打破"知识与权力"结合于一体的桎梏，通过分权、分流的方式进行学校组织设计，消减科层化、规范化、标准化的影响，给予教师主体性以一定的制度空间，从而帮助教师个体在其职业生活中更多形成意义感。从具体的层面上说，学校组织制度可以做出以下改革选择。

第一，学校在组织结构设计中应该尽量保留一定的制度空间。具体来说，首先，在指导思想上，充分尊重教师的个体经验和主体价值。其次，在制度设计中避免过多的规范和细节的纪律要求。对教师的教学活动只提原则性的要求，避免去技能化。这一点其实是与国家的课程改革基本发展方向相适应的，对教师的教学行为不是不进行规定和要求，而是防止其变成对一教学程序和细节规定。例如，不能把课堂教学质量的要求转变为检查备课本，或者在程序上要求教师严格照本宣科地依照通过检查的备课本实施教学，这是一种过度的纪律要求。

第二，为教师个体在学校组织内的束缚松绑，减少教师个体对学校组织的依赖和依附。或许可以实现建设多元的"资源"提供路径，让学校不再成为唯一的资源供给主体。例如职称评定、岗位以及其他教学资源等。与聘任制相适应，增加行业评审系统、同行评审系统的影响力和完整机制。有学者认为，建设多元的资源提供路径才有可能最大限度保障教师聘任制和教师专业自主权得到自由实施。

第三，切实推进学校制度改革。正如伊万·伊里奇在《非学校化社会》中提到的，制度的建设和选择应该是朝向促进人们过上行动型生活，而不是消费型生活。所谓行动型生活指的是一种能使人们具有自发性、独立性并且相互联系的生活方式，而不是维持只会导致制作与毁坏、生产与消费的生活方式。这就意味着在学校中，就应该选择那些支持行动型生活的各种制度，而不是发展新意识形态与新技术——操纵性制度。操纵性制度和互惠性制度是制度光谱的两端。如本书所分析的，当前学校选择的制度类型和制度建设路径是朝向产生生产、实现目标的制度，而不是孕育主体性、相互关心的互惠性制度类型。具体来说，就是倾向于自我激励性制度，倾向于自我约束。同时，在学校制度体系中，应重视并加强服务型机构和服务型制度的建设。对学校的教师个体而言，就是减少竞争性、强迫性的制度体系，加强服务型机构的建设、具有一定弹性的学校制度。

第四，与学生能力测试的基本改革方向一致，应该充分认识在全面量化对人性和人格的操纵和损伤，在工资制度、岗位评估制度等对教师的"能力测试"相关的制度建设中，也更多纳入发展性的、过程性的、能力取向的评价原则。例如，建议取消对批改试卷、批改作业、记分册的使用等详细的规定。如果在条件成熟的情况下，实行弹性工作时间也未尝不可。

第五，增加教师在学校组织结构内流动和分化的可能性。在这里，笔者并不认为在学校内部组织建设层面能够解决，而是相信能够通过教师管理制度的全面整体制度设计来实现变化。

对于教师个人来说，首先需要制度空间对个体主体性的照应。具体来说，就是制度规则体系应该有一定的弹性以允许教师个体的主体参与、保证一定程度的自由空间，包括"反抗"的空间或路径。例如，认真贯彻执行"教师代表大会"，将更多的提建议或意见的权利赋予更多人、更多的普通教师。甚至可以利用制度的形式确定教师代表的公开遴选，明确遴选的条件为"非管理层"，以使相应权利真正赋予一线教师。

学校还应该加强对教师个体经验的认可、对教师个性差别的认可。鉴于在 Z 小学观察的经验，学校对教师个体劳动的认可主要围绕对其教学行为内容、工作程序和工作方法等的检查和评估。事实上，对于一线教师来说，其主体性发挥的领域往往是课堂教学中的教学经验。例如 Z 小学 L 教师一直尝试在退休前能够开一场座谈会，将制作教具的经验分享给同侪。这就意味着学校应该提供一定的平台和路径，展现教师的个体经验和个体价值。

四　本书的主要遗憾

本书努力抛开原有成见，扎根于所看到的学校环境、所听到的学校场景，收获了丰富的个人故事，遗憾未能在本研究中充分展开论述。在这里梳理对研究的反思，以引发进一步的思考和讨论。

1. 对研究对象的反思

在研究过程中，与教师们的访谈更像是家长里短的聊天。在聊天中，教师们向笔者展示着各自主体性意义感的多样化生成过程：由于个人生活背景不同，教师在学校场域内对主体意义感的建构和解构方式不尽相同。本书试图在关注教师个体的角度上探讨主体意义感，在研究中却常常感到又在忽视一些鲜活的个体生命。

一位工作了三十多年的老教师，非常困惑于笔者的选题，她坚持认为笔者不应该找她访谈，因为她觉得自己每天来学校上班是一个非常幸福的体验。最初，笔者把它理解为一种客套。然而，随着访谈越来越深入，她表现出来的对教师职业的淡然、对教学的极大热情，使笔者深刻地感觉到"就是想干"这样的内在动力的强大力量。

在访谈中，遇到了由于家庭遭遇到重大变故而彻底改变了对生活的认识、改变了对教师职业的认识的教师，这启发了笔者必须认真考虑个人生活境遇对职业生活的影响。还遇到了狡黠、聪明的 Z 老师，恐怕再难有人像 Z 老师一样能够"准时准点儿"地"赶上"学校的各项工作。Z 老师含蓄地介绍了她不具模仿性的奋斗史。这似乎是一场个人对制度的全面胜利。

在访谈中笔者发现，教师的个人性格、个人自我效能感等心理特征的差异深刻影响着教师个体参与职业生活的方式、程度以及对职业生活的情绪体验，这在一定程度上影响着教师个体的主体意义感。同时，这些个体心理特征的差异可能也会带来不同的意义感建构、生成方式。

2. 对研究路经的反思

本研究已经注意到由岗位和关系网络决定的教师的权力网络，以及这一权力网络对教师主体性的存在、主体性践行以及主体价值等产生的深刻影响。同时，本研究也观察到不同教师的主体性意义感有着不同的建构方式。有的教师似乎已经找到了特别的回避意义感生成的自我价值建构机制；有的教师似乎开始自主运用某些权力关系、消解了意义感的缺失问题；有的教师则已经生成了漠视职业生活的价值机制，几乎无视职业意义感。这一切引发了笔者这样的思考：不同的生活场域之间的意义感似乎有着互相构建的功能。教师个体在私人生活领域内、在社会生活领域内的意义感与其职业生活意义感之间在主体意义感生成中是不是存在这一种相互支撑和相互补充的关系呢？

笔者在 Z 小学也发现了教师个体的家庭条件，尤其是经济条件，也就是教师个体的社会地位在一定程度上也影响着他们与学校管理层、与学校同事之间的人际关系和人际交往模式。个别教师基于比较优厚的家庭资本和经济条件，甚至能够自主决定他们在学校组织结构中的权力关系。这吸引研究者思考社会地位与学校组织内地位之间的互动关系。

3. 对研究内容的反思

在对意义感的概念界定中，笔者发现，意义感的形成除了人们通常理解的主体性的参与之外，还有一个很重要的向度，就是"乐趣"的产生。或许是因为乐趣从何而生实在是一个模糊而含混的问题，对此所做的研究非常少。本书也未展开论述。

但在教学实践中，已经有一些学校展开一定尝试。在 Z 小学，恰好遇到学校打算召开一个教师节聚会，要求每一个办公室出一个集体节目在聚餐前的晚会上表演。尽管个别教师因晚会时间的安排与自己的安排有点冲突而感到困扰，但是几乎全体教师都兴致勃勃地投入节目的准备之中。教师们在办公室商量表演什么节目，纷纷出谋划策。在这个准备节目的过程中，教师们流露出对聚会和节目筹划的乐趣享受。或许是由于这样一个活动提供了一个契机，教师更多的私人生活领域的内容进入了职业生活，或许使得职业生活更具生活化，或许是提供了对教师的另一个形象展现的机会，或许是在那个瞬间人们脱离了正在从事的无趣事务性劳动，又或许是兼而有之……这些都是可以再继续追问和发现的话题。

五　本书的主要不足

在研究方法上，由于参与式观察所需时间和条件的限制，本书仅围绕一所普通小学展开了相关分析和研究，研究结论的科学性有待进一步加强。同时，由于研究的时间跨度比较长，几年来学校制度改革也取得了较大发展，本书围绕 2010—2012 年度的参与式观察获得的资料没有进一步更新，是本研究的重要不足。

正如本书的标题，本书试图集中关注的是意义感缺失这一现象。在论证过程中，一直试图分析教师个体在职业生活中出现意义感缺失现象的客观环境、客观原因，对教师个体的主观能动性关注不足。在研究中，因研究范围有限，没有能够充分展现出教师这一群体的更多侧面。这样往往带来一种误解，似乎研究者论证的是教师个体必然出现意义感缺失现象。事实上，任何一位教师个体在从事职业活动时，一定同时发生着职业生活意义感的生成与损耗；同时，在共同的生活场域内，教师意义感生成与损耗的互动模式也应具有一定的规律性。这些希望在今后的研究中进一步梳理完善。

最后，近年来，已有不少学校开展了旨在促进教师动力的努力，一些制度改革和管理方式调整的尝试已经有了一些成效，如何将这些经验与目前的研究相结合，以从正面案例的分析视角出发，进一步完善本书完成的研究。期待在未来的学术道路上将这些困惑和问题继续深入研究下去。

附　　录

附录1　教师职业生活状况调查问卷

尊敬的老师：

您好！

工作辛苦了！感谢您在百忙之中参与本项调查。本研究为了考察教师个体在其职业生活方方面面的参与情况，问卷采取匿名的方式，答案没有正确与错误之分，您只需按照自己的实际情况进行作答即可。您的真实作答对本研究来说至关重要，感谢您的帮助和支持！

教师职业生活状况调研小组

2012 年 6 月

一　您的个人生活状况（请在符合您实际情况的选项上打"√"）

W01. 您的性别：1. 男　　　2. 女

W02. 您的教龄大概在：

①3 年及以下　　②4—7 年　　③8—15 年　　④16—25 年

⑤26 年及以上

W03. 下面是一个有点复杂的表格，请尽量作答，依据实际情况勾选：

婚姻情况	居住情况	子女情况	家庭情况
我还单身呢	1. 住学校单身宿舍 2. 自己租房子 3. 我住家里 4. 住在自己房里	不需填写	1. 我的父母健在，关系和睦 2. 父母有一人已离世 3. 父母已离异 4. 父母都已不在人世

续表

婚姻情况	居住情况	子女情况	家庭情况
我快结婚了	1. 住学校单身宿舍 2. 自己租房子 3. 我住家里 4. 住在自己房里	不需填写	1. 双方父母常常联络 2. 双方父母有时联络 3. 双方父母偶有联系 4. 双方父母从不联系
我刚结婚 （3 年以内）	1. 住学校单身宿舍 2. 暂时租房子 3. 住在父母家 4. 住在我们的新房里	1. 暂时不打算要孩子 2. 正在孕育中 3. 孩子还很小	1. 各种关系都处得很好 2. 婆媳有点小矛盾 3. 翁婿有点小意见 4. 最近有较大矛盾
结婚一段 时间了	1. 暂时租房子 2. 住在父母家 3. 住在自己家里	1. 还没要孩子 2. 正在孕育中 3. 孩子还没上幼儿园 4. 孩子上学呢	1. 各种关系都处得很好 2. 婆媳有点小矛盾 3. 翁婿有点小意见 4. 最近有较大矛盾

W04. 如果简要概括您最近的个人生活状况，倾向于以下的哪句描述？

1. 顺风顺水　　　2. 平静平常　　　3. 有点坎儿

4. 困难比较多　　　5. 比较大的危机

W05. 如果简要概括您的生活状态，倾向于以下哪句？

1. 轻松愉快　　　2. 繁忙而充实　　　3. 全力以赴

4. 努力奋斗　　　5. 咬牙坚持

W06. 您的最后学历是？

1. 相当于研究生　　　2. 相当于本科　　　3. 相当于大专

4. 其他 _____

W07. 如果可以，您的性格可以描绘成：

1. 严肃　　2. 冷静　　3. 温和　　4. 开朗　　5. 热情

W08. 在您看来，您的性格与您所从事的教师工作之间：

1. 完全没有关系　　　2. 好像有一点关系　　　3. 不清楚

4. 有一定关系　　　5. 有很大关系

W09. 在您看来，上班时的情绪受到家务事影响，是：

1. 常有的事　　　2. 没办法避免的　　　3. 应该努力避免的

4. 完全不应该发生的

W10. 您在单位有好朋友吗？

1. 有，既是同事又是朋友　　　2. 有，有的只是同事，有的已是朋友

3. 还没有，还只是同事关系　　4. 没有，同事就是同事

W11. 以下形容词，哪个最能贴切地形容您和同办公室的同事？

1. 战友　　2. 利益共同体　　3. 朋友　　4. 同事　　5. 同行

二　职业生活状况（请在符合您实际情况的选项上打"√"，没有特殊说明，均为单选题）

W01. 您承担的主要工作是：

1. 主科教学　　2. 副科教学　　3. 教学管理　　4. 学生管理

5. 后勤行政

W02. 您认为您在学校的工作：

1. 重要 | 2. 不重要

您认为重要的理由是：
1. 工作本身很重要。
2. 我对我的工作认真负责。
3. 我有能力把工作做好。
4. 其他

您认为您的工作重要还有什么依据？
1. 学校很重视、投入多、管理严。
2. 评职称快。
3. 参评、进修、获奖机会多。
4. 其他

您认为不重要的理由是：
1. 工作本身没人重视。
2. 这份工作谁干都行。
3. 这份工作没什么发展前景。
4. 其他

您认为您的工作不重要还有什么依据？
1. 学校不重视、没投入、不管理。
2. 评职称慢。
3. 参评、进修、获奖机会少。
4. 其他

W03. 在您看来，在学校的教师工作与其他工作有什么不同？

1. 没什么不同，都需要尽心尽力

2. 有一点不同，教师要打交道的对象是"人"

3. 有较大不同，教师几乎没有"卸任"的时候

4. 完全不同，教师是非常消耗心神的工作

W04. 以下的词汇中，您觉得最能够描绘您现在的教师职业状况的是哪个比喻？

1. 灵魂的工程师　　2. 教书匠　　3. 蜡烛　　4. 和尚

5. 其他_____

W05. 教师在学校的工作主要分为课堂教学、指导学生（包括批阅试卷、个别谈话等）、家长谈话（与学生家长的沟通交流）、同事交流、领导管理（学校领导的指导和管理）、行政管理（配合相关行政部门的

管理工作）、评估督察（配合上级部门的评估和督察工作）、课题科研、
自我进修等方面的工作。请根据实际情况在下表中填写上前三名（标注
1、2、3 即可）。

	应该最耗费时间的事情	实际最耗费时间	应该最耗费精力的事情	实际最耗费精力
课堂教学				
指导学生				
家长谈话				
同事交流				
领导管理				
行政管理				
评估督查				
课题研究				
自我进修				

以上未列出的，请您也注明在此：_____

W06. 请看一下您实际最消耗时间的事情，您认为是什么原因导致
时间的流逝？

1. 要求或表格太多　　2. 重复太多　　3. 个人能力没准备好

4. 个人感兴趣　　　　5. 应该慢慢来

W07. 请看一下您实际最消耗精力的事情，您认为是什么原因导致
花这么多精力？

1. 要求或表格太多　　2. 重复多　　3. 个人能力没准备好

4. 个人感兴趣　　　　5. 应该投入多

W08. 您觉得在您的工作中，最需要的能力或水平是？

1. 对学生的爱　　　　2. 专业知识　　　3. 管理学生的技巧

4. 沟通交流的策略　　5. 人格魅力

W09. 在您的工作中，最能体现出您的能力的是？

1. 我对学生的爱　　　2. 我的知识积累　　3. 我的教学经验

4. 我的个人魅力

W10. 在您的工作中，最能体现出您的性格的是？

1. 待人接物，处处都是我的性格

2. 有时候，我能够冷静地专业地处理事情而不表现出我自己的性格

3. 工作中不需要体现个人性格

W11. 您在工作时谈论自己的私事吗？

1. 从不　　　2. 偶尔说起　　　3. 只跟要好的同事说起

4. 没什么避讳的，也不刻意说起

W12. 如果现在学校有某件事情，需要您动用您的一个重要私人关系，这件事情恐怕得是：

1. 无所谓，只要有需要　　　2. 同事或朋友有需要的话

3. 得是领导或求到我了　　　4. 学生急需

5. 学校重大发展有关的　　　6. 什么事情都不行

W13. 您在工作时，跟同事谈论过自己对学校的意见或看法吗？

1. 从不　　　2. 只跟要好的同事提及

3. 没什么隐瞒的，也不刻意说起　　　4. 直接跟领导谈

W14. 您熟悉学校的管理规章制度吗？

1. 非常熟悉　　2. 比较熟悉　　3. 还可以　　4. 不太熟悉

W15. 对于学校的规章制度，您的看法更倾向于：

1. 涉及面比较广，也比较符合教师的实际情况

2. 涉及面比较广，有一些不符合教师的实际教学需要

3. 涉及面太广了，管得太宽了，有些规定根本不符合教师的实际需要

4. 规章制度的设计思路就不对，不过反正也形同虚设

5. 应该有人全面思考并设计一套符合教师实际需要的规章制度

W16. 如果家里有急事，您需要马上回家一趟，您会首先选择：

1. 赶紧回家　　　　　2. 找同事顶班

3. 让学生自习　　　　4. 找领导请假

W17. 如果将学校中的所有人马分为三六九等，您估计自己是什么位置？请别谦虚。

1. 绝对底层　　2. 中下层　　3. 中层　　4. 中上层　　5. 上层

W18. 如果您来作图，您会怎么描绘学校的三六九等？请在下图连

线表示。

学校校长、副校长等
教导处、科研处等教学管理部门负责人
教导处、科研处等教学管理部门教师
德育处、校队委等学生管理部门负责人
德育处、校队委等学生管理部门教师
主科教师、班主任
副科教师
后勤部门负责人
后勤部门工作人员
其他：   （请填写）

1. 上层
2. 中上层
3. 中层
4. 中下层
5. 底层

W19. 如果学校安排您下学期脱产学习，您的想法更多倾向于：

1. 非常高兴　　　2. 下学期比较有困难，能否延后

3. 我不愿意　　　4. 怀疑学校有什么用意

W20. 如果不是学校安排，您会主动要求脱产学习吗？

1. 会，只有脱产学习才能够提升自己

2. 会，这是很好的学习机会

3. 不知道，进修不一定选择脱产

4. 不会，脱产学习困难比较大，最好学校支持

5. 不会，实际教学完全不需要脱产学习

6. 其他_____

W21. 如果您有什么教学上的金点子，您更多会选择：

1. 自己慢慢锤炼，提高班上学生成绩

2. 私下分享给几个同事，共同进步

3. 跟学校总结汇报，以获得推广

4. 凝练成科研论文，一举成名

W22. 为了做好教师工作，您所做的努力都包含了：（请最多选五项）

1. 花了很多时间和精力在备课上　　　2. 成天给学生操心

3. 任劳任怨为学生补习　　　　　　　4. 认真做好分内每件小事

5. 积极参加学校活动　　　　　　6. 严格遵守学校规章制度

7. 努力钻研教学技能　　　　　　8. 坚持自我进修

9. 踏实积累教学经验　　　　　　10. 不让家务事拖后腿

11. 永远精神饱满　　　　　　　　12. 热情对待每一位同事

13. 认真学习教学技能　　　　　　14. 虚心向同事请教

15. 积极参加各种培训

W23. 最后，您觉得自己适合教师工作吗？

1. 很适合　　　2. 还可以　　　3. 凑合吧　　　4. 不是很适合

W24. 总的来看，您对目前自己的教师工作，感到：

1. 非常满意，继续保持　　　　　2. 很满意，希望更进一步

3. 很满意，希望提高待遇　　　　4. 比较满意，有机会晋升就完美了

5. 比较满意，待遇有待提高　　　6. 比较满意，工作稍累

7. 不太满意，没机会晋升　　　　8. 不太满意，待遇不高

9. 不太满意，工作辛苦　　　　　10. 不满意，对学校不满

11. 不满意，对有些同事不满　　　12. 不满意，工作太辛苦

附录2　问卷分析的部分数据表格

1. 样本（教师个体）工作内容情况分布表

表2-1　　　　　**样本（教师个体）工作内容情况分布**

	主科教学	副科教学	教学管理	后勤行政	合计
人数	19	14	6	10	49
百分比（%）	38.8	28.6	12.2	20.4	100

2. 教师其他因素与教师职业比喻单因素方差分析结果

表2-2　　　　**教师其他因素与教师职业比喻单因素方差分析**

自变量	性别	教龄	学历	性格	教师类型
显著性	0.516	0.440	0.013 **	0.274	0.073 *

3. 个人性格与工作关系的理解和认识

表2-3　　　教龄与教师个体认为"性格与工作之间关系大小"
之间的列联

		教龄					合计
		3 年及以下	4—7 年	8—15 年	16—25 年	26 年及以上	
性格与工作关系	完全没有关系	1	2	1	1	0	5
	好像有一点关系	0	0	2	2	3	7
	不清楚	0	4	1	2	0	7
	有一定关系	0	2	9	13	2	26
	有很大关系	0	0	1	3	0	4
	合计	1	8	14	21	5	49

表2-4　　　教龄与教师个体认为"性格与工作之间关系大小"
之间的方差分析

	方差和	自由度	均方差	F 值	显著性
组间	13.016	4	3.254	2.859	0.034
组内	50.086	44	1.138		
合计	63.102	48			

4. 教师对个性、家务事与工作认可之间的相关性

表2-5　　　　性格、家务事与工作的认可变量间列联

		家务事与工作				合计
		常有的事	没办法避免	应该努力避免	完全不应该发生	
性格与工作关系	完全没有关系	0	1	4	0	5
	好像有一点关系	0	2	3	2	7
	不清楚	1	1	4	1	7
	有一定关系	0	4	11	11	26
	有很大关系	0	1	3	0	4
	合计	1	9	25	14	49

表2-6　　　　　性格、家务事与工作的认可变量间方差分析

	方差和	自由度	均方差	F 值	显著性
组间	9.142	4	2.285	4.470	0.002
组内	81.297	159	0.511		
合计	90.439	163			

5. 教师对其工作重要性的理解和认识

表2-7　　　　　教师工作重要性的认识频次分布　　　　单位：%

		频次	百分比	实际百分比	累计百分比
量值	重要	48	98.0	98.0	98.0
	不重要	1	2.0	2.0	100.0
	合计	49	100.0	100.0	

表2-8　　　　　教师工作重要性理由认识频次分布　　　　单位：%

		频次	百分比	实际百分比	累计百分比
量值	工作本身很重要	23	46.9	47.9	47.9
	我对我的工作认真负责	22	44.9	45.8	93.8
	我有能力把工作做好	2	4.1	4.2	97.9
	其他	1	2.0	2.1	100.0
	合计	48	98.0	100.0	
缺失值	系统缺失值	1	2.0		
合计		49	100.0		

表2-9　　　　　工作内容与重要性理由认识的列联分析　　　　单位：人

		工作内容				合计
		主科教学	副科教学	教学管理	后勤行政	
重要性理由	工作本身很重要	7	5	2	9	23
	我对我的工作认真负责	11	7	3	1	22
	我有能力把工作做好	1	0	1	0	2
	其他	0	1	0	0	1
合计		19	13	6	10	48

表 2 - 10 　　　　　工作类型与重要性理由认识的方差分析

	方差和	自由度	均方差	F 值	显著性
组间	5. 224	1	5. 224	13. 511	0. 000
组内	42. 918	11	0. 387		
合计	48. 142	112			

表 2 - 11 　　　　　教师工作重要性依据认识频次分布 　　　　单位：%

		频次	百分比	实际百分比	累计百分比
量值	学校很重视， 投入多、管理严	35	71. 4	74. 5	74. 5
	评职称快	1	2. 0	2. 1	76. 6
	参评、进修、获奖机会多	1	2. 0	2. 1	78. 7
	其他	10	20. 4	21. 3	100. 0
	合计	47	95. 9	100. 0	
缺失值	系统缺失值	2	4. 1		
合计		49	100. 0		

6. 教师对学校内人际关系定位的认识

表 2 - 12 　　　　　教学工作与其社会关系定位因素分析

	方差和	自由度	均方差	F 值	显著性
组间	11. 630	3	3. 877	3. 687	0. 014
组内	116. 718	111	1. 052		
合计	128. 348	114			

表 2 - 13 　　　　　教师的定位与制度遵守选择行为变量间方差分析

	方差和	自由度	均方差	F 值	显著性
组间	33. 012	4	8. 253	11. 045	0. 000
组内	104. 615	140	0. 747		
合计	137. 628	144			

附录3 主要"人物"的访谈和观察记录摘要

一 访谈对象1：L1老师

L1老师原来是Z小学的×××完小的一位教师，当年是高中毕业生到学校里面当民办教师，后来遇到"好政策"，成了正式教师。在农村小学工作了三十多年，用L1老师自己的话说，像我这样的老师不多。她的潜台词是像我这样一心扑在教学上的老师不多。L1老师对课堂教学非常重视，她说：

> 上好每一节课，首先要研究自己，因为教师是教学的主导，其次要研究教材，因为教材是教学之本，最后要研究学生，因为他们才是学习的主人。
>
> 我希望自己走进课堂时，对数学是充满尊重的，对教学是充满激情的，对学生是充满期待的。这种情感不是与生俱来的，是通过我们的教学活动，通过我们与数学的密切接触，逐渐加深对数学的理解，提高对数学的认知，增进对数学的情感。我们可以无怨无悔地为学习数学而付出、为传递数学而奉献。对数学的这份热爱和尊重，带入我们的课堂，融入我们的教学，我们的课堂一定会充满着活力。
>
> 我希望自己能够不断提高专业知识水平，教学能力，奉献给三尺讲台。通过简洁的语言、深刻的道理、精确的解释、严谨的推理、直观的图示等，带给学生视觉、听觉上的享受。牵着学生的思维，集中学生注意力，引导他们沿着老师设计的教学思路，最大限度地参与教学活动，让他们有更多的机会发挥自己的智慧，展示自己的能力。
>
> 我希望自己可以用发展和欣赏的眼光，放大学生的学习智慧和能力，能够用宽厚的胸怀包容学生在学习过程中出现的问题。用真诚的付出，收获学生的信任，与学生形成良好的互动。创设出民主、健康、和谐的课堂教学环境。
>
> 我希望自己能够勤于思考、勇于创新。不断探讨解答数学问题，特别是一些疑难问题的方法和技巧，提供给学生。不断进行教

学反思。当学生不能很好地理解某节课的知识，或表现出消极的学习态度时，不过多归因于学生，更多地归因于自己的教学方法，一定是自己的教学不能完全被学生接受。认真分析，找出原因，探讨研究新的思路，反复实践，最终挖掘出最科学、最合理、最适合学生接受的好方法。

1. L1 老师的欢喜

L1 老师原来一直在×××小学当老师，在×××小学非常受重视，也是×××小学获奖最多的教师，2011 年×××小学搬迁了，L1 老师因为教学效果优秀，年纪大了不想去太远的地方当老师，因此调动到了 Z 小学当老师。这对于只有一年就退休的 L1 老师来说，是一件喜事。因为中心小学的级别高，L1 老师极有可能在退休之前拿到更高的职称，这对于 L1 老师一生的教学劳动来说，是一个圆满的结局。我也曾问 L1 老师，有没有可能是因为更高的职称代表着更高的工资或者是退休之后更有利的兼职机会？L1 老师坚决地否认，并且又说了一次："像我这样的老师不多。"在她看来，她热爱孩子，喜欢跟孩子打交道，喜欢看到一个一个孩子（L1 老师在访谈中一直使用"孩子"来指代学生，或许这是 L1 老师对学生真心关心的表现）把数学学会、学好。

因为欢喜，L1 老师特别积极地想要融入这个新的教师群体之中。L1 老师利用自己的休息时间到市区购买了数学教学的辅导材料，拿回来打算分发给教数学的老师们；同时，L1 老师主动跟数学组的教师们要求分享自己的教学经验和研制的教具材料，等等。有几位数学老师积极响应 L1 老师的号召，尤其是五年级组的 H 老师。H 老师以前就认识 L1 老师，知道 L1 老师还是有两把刷子的。尤其是 H 老师也特别热心改进自己的教学工作。因此，L1 老师还很高兴的是，在这里有几名教师跟她是一样的。

2. L1 老师的郁闷

对 L1 老师来说，融入新集体有新交的朋友，让人欢喜，也有一些郁闷的事儿。

即便原来所在的农村小学条件不是很好，进修的机会也很少，但是依据多年的教学经验，L1 老师摸索出一套研究教材内容、自制教具的数学教学方法，并且自主地写成了自己的教学经验总结。L1 老师对自己的教学经验总结也非常满意,来到中心小学之后,想要跟周围的数学组教师分享。但是没成想,成了剃头挑子一头热。首先,有的教师觉得自己的教学任务已经够重的了,实在不想再给自己增加工作量,当听说要利用午休或者晚点下班的时间,心里有点不乐意。同时,有的老师或者是觉得自己的办法很有用,或者是自认见识的教学方法不少了,并不是特别看得上这位老教师的办法。

让 L1 老师郁闷的还有,在这件事情中,让 L1 老师感觉到有几个老师排斥她。据 L1 老师自己分析,事情可能是这样的:L1 老师来中心小学是临时安排的,当时学校不大可能安排 L1 老师教小学一年级(小学一年级一般比较辛苦,学校基本都安排、动员年轻教师来承担,往往从一年级开始至少带班带到三年级。L1 老师只有一年就退休了,因此,也不适合带小学一年级),因此就安排 L1 老师教小学六年级的数学。而中心小学目前的六年级已有固定的、足够的数学教师队伍。后来,在学校的安排下,六年级的几位数学老师调整了各自的教学任务,调整出一个班级,由 L1 老师教数学。这样,实际造成的结果就是,因为 L1 老师,几个老师的教学工作量都减少了,还有一个老师,没办法教自己担任副班主任的班级的数学课。(中心小学往往是数学教师和语文教师两位老师搭班,每人担任一个班的班主任和另外一个班的副班主任。)无论最后 L1 老师的教学任务是怎么解决的,事实上都给同事造成了麻烦。

同时,还有一个不可明说的理由,就是 L1 老师为人非常朴素,头发花白,短头发也没什么发型,着装也没什么修饰,碎花的小褂和肥大的布裤子。着装打扮明显没有花什么心思。这一身装扮在农村小学或许很普通平常,但是对几乎位于×××中心的中心小学的教师们来说,这一身装束无疑处处在暗示着这是一位农村小学教师。中心小学的教师原来就有的优越感可能就使人们容易看轻 L1 老师想要分享的教学经验。

二 访谈对象 2:S1 老师,男,37 岁

S1 老师是×××有名的产瓜乡镇——×××庄人。虽然家在产瓜大乡,但 S1 老师的家境不是很好。S1 老师结婚的时候,为了在区中心买一套房子,家里欠了不少钱。再加上 S1 老师爱人的工资也不高,因此家里负担比较重,主要是钱的方面比较窘迫。因此,刚工作的时候,S1 老师一般也不在学校多待,也就能保证基本完成分内的教学任务。

课余的时间基本都在外挣钱了，做家教、跑业务等，S1 老师说，有什么干什么。这样干了几年之后，情况慢慢好转，再加上 1997 年中心小学重建之后，学校的设备以及招生情况越来越好，区教委也开始重视起来，投入的项目和经费也比较多，S1 老师发现，在学校范围内，也应该很有发展前途。据 S1 老师说，前几年认真教学的在这几年都开始"收获"了。所谓收获实际上说的是要么在学校当上了中层干部，要么调去教委了，或者是评上了职称。作为为数不多的男性教师，本来以为比较有晋升的机会，但是很可惜，由于很少在学校，可能也没什么机会参与学校的管理，没有机会展现组织能力和管理能力，因此错过了一次升迁的机会（2006 年的时候，领导班子有过一次较大调整）。

S1 老师跟现任副校长，主管教学的 J 校长关系比较好。他们曾经在一起搭班带班，常常互助。现在，S1 老师就会经常到 J 校长的办公室坐着聊聊天。

可能由于在社会上也摸爬滚打了一段时间，S1 老师认为自己是一个比较有远见卓识的人，也具有管理学校、理顺某些利益冲突的策略和能力。S1 老师认真思考过学校的发展和前景，除了跟 J 校长聊聊之外，在访谈中，也侃侃而谈。

按照 S1 老师的想法，中心小学目前最重要的问题在于上级直属部门不明确，导致有钱的机构不给钱（指的是区里），该给钱的单位没有钱（指的是镇政府）。按照黄村镇的位置来说，真是黄金的地理位置，区医疗、行政等都在这附近，区重要的高等学府——×××学院也在中心小学的招生范围内。然而，×××镇因为主要是政治中心和文化中心，相对来说，经济实力不强。同时，镇里主要的精力不在办教育上，至少不是中心小学了。因此，镇里的投入和支持比较少。而相对来说，据 S1 老师了解的情况看，第一小学等区直属的学校所获得的优惠就多多了。比如，招生范围这一问题。S1 老师拿出他所掌握的材料，明显地看出来，区教育委员会直属的学校即一小、二小等小学的生源基本是城市户口的。而中心小学确定的招生范围基本上是原来村庄，现在拆迁楼房的。S1 老师还展现了每年招生的情况。差不多55%是大兴本地的学生，45%是外地户口的学生。而55%的本地学生中，绝大多数是拆迁户，即农村户口。

S1 老师认为，中心小学应该有机会在几年的时间内建设成为跟

"区一小"等区直属学校同样水平和规模的学校。他说"会哭的孩子有奶吃"，目前学校欠缺的是跟上级直属部门要钱、要资源的本事。

在短暂的访谈时间内，或许是由于男性的思维特点，S1 老师更多介绍了自己对学校的看法，尤其是自己对学校未来规划和发展的想法。

三　访谈对象 3：甘肃籍 P 老师，女

P 老师是一名美术教师，刚刚来到中心小学工作。

P 老师说，她在美术学院毕业之后，就到北京找工作，自己知道自己成不了画家，当时就找了个偏远农村小学当美术老师。经同事介绍，认识并嫁了当地的一个青年，在农村小学工作了将近六年。后来有了孩子，就开始想办法托人调回城区上班。因为一般学校只有一到两名美术老师，所以花了很大工夫也没有成功。幸运的是，中心小学的美术教师去北京市美术学院进修，所以才有了空缺。可以说因为这个美术教师去进修，P 老师才有机会调到了中心小学。P 老师说，别看学校归镇里管、归教委管，但其实人事权是相对独立的，当年找镇上的人、找教委的人都没用。尤其是对学校来说，引进一位教师跟引进一位后勤人员不一样，教师到位需要有足够的课时量。因此如果学校不缺编，即便是找了教育局的人也没办法。

P 老师说，来到这个学校之后，大家都知道是找了人才来的，心里总是觉得有点不踏实。一般也不太参加学校组织的评奖啊、科研活动等。P 老师自己认为，自己的课时量比较少，又是副科，根本不可能得奖，所以不参与这些事情。学校的资源总的来说是倾向于所谓主科教师的。教育局和各级部门组织的活动也大多是语文数学等科目的。

目前每周六节课，相对比较轻松，而且课程都安排在两个半天里。没课的时候，就坐在电脑面前，看网页、看微博。

因为学校要求教师坐班，即使不是班主任，也要坐班。早上 8 点钟到下午 5 点钟。但是美术教师除了上课之外，事情非常少，也许是因为浏览网页也比较无聊，再加上也不打算求进步，或许还有些许隐隐的不满意，P 老师在学校的状态是比较懈怠的。比如按照学校的规定，一般教师在学生做操的时候，都会到操场上看看，中午也不应该离开自己的岗位，但是她一般都不会参加早操，在她看来，看学生上早操跟她关系不大。到中午时间，吃完饭，她也会在办公室待一下，就上六楼宿舍休

息去了。

她还说有的美术教师在外面开辅导班挺挣钱的，但是太操心了。而且现在的家长花了钱学画画，总想看到孩子突飞猛进，总是有这样那样的要求。P老师的原话是"我才不伺候他们呢"。

P老师很喜欢和笔者聊天，除了回答笔者的几个问题之外，很快就转向她的儿子、她的婆婆等家长里短的话题。在笔者观察的这些天，似乎P老师除了跟笔者"亲切交谈"之外，几乎不跟其他老师交谈。进出套间办公室的时候，也基本不跟其他老师打招呼。除了这位P老师以外，其他老师基本上都会互相打招呼、寒暄几句。

四 访谈对象4：计算机老师，L老师，女，3岁儿子的妈妈

L老师是本地人，教计算机课。

L老师认为自己其实不适合当老师，因为自己不太喜欢孩子。一般也不跟学生或者家长接触。用她自己的话说，自己是一个比较内向的人，性格也比较喜欢清静，这个性格不适合当老师，同时，L老师也说，自己的这个性格估计干什么都会不喜欢的。据L老师说，自己是一个不爱操心的人，也不喜欢管闲事，平时都喜欢宅在家里，看看电视、上上网。

L老师虽然只有29岁，已经是一个三岁儿子的妈妈了，可是看上去像一个刚毕业的大学生，发型和着装都比较新潮。还有一个细节能说明L老师的新潮，就是L老师使用的是一个像一台小笔记本电脑那么大的手机。这款手机是较少人使用的手机，功能强大，这可能与L老师学计算机的专业背景有关系。

跟L老师访谈的几十分钟，发现L老师话很少，对于提问也基本上是简单、含糊地回答。一般都是"是吧，可能吧，应该是"之类的回应。

L老师的不喜操心也表现在自己的私人生活之中，家里的孩子从小就是孩子的奶奶带，L老师说，她基本没怎么管。

给笔者的感觉是，L老师的上课和生活都似乎是漫不经心的。但绝对不是不负责任的。在轮到L老师值班的中午，L老师午饭后在电脑前浏览网页到一点多钟，然后拿出值班袖箍套在胳膊上，在楼道里面检查各班纪律。同时，没见到L老师记录任何一个班的违纪现象。从L老师

的备课、上课以及课后的情况来看，L老师的漫不经心体现在她生活的方方面面。

L老师认为自己是个合格的教师，学校要求的每件事情，都会按照规定的要求去做。但是，同时L老师也认为自己不适合当老师，因为个性的原因。对于所有的教育教学相关事务，L老师都是抱着完成任务的想法，甚至有时候，连想法都没有，就是照章办事而已。对L老师来说，这是一份再平常不过的工作。稍微不同的是，教育教学活动是跟学生打交道。

L老师说，教计算机感觉还可以，也不用组织课堂纪律，因为学生基本都很喜欢上计算机课。同时，也不需要批改作业、不需要额外辅导。按L老师的说法，教计算机还比较适合她。

当被问到怎么看待老师通过跟学生打架的方式，与学生建立起真正的师生关系时，L老师回答说，不知道呀，应该不对吧。再追问为什么的时候，L老师又漫不经心地回答，就是感觉不对呀。

在所有的访谈对象中，这位L老师是个性比较明显的老师，气质是冷漠的，做事基本也是漫不经心的。

五　访谈对象5：Z老师

Z老师稍微有点胖，孩子比较小，该上幼儿园了。

Z老师性格比较活泼，也喜欢说话，有什么事情也愿意跟同事分享，是一个比较好相处的人。有两件事可以说明：

第一，一天中午Z老师从外面拿着一个鞋盒回办公室了，一进门看见跟她搭班的三、四班语文老师，就马上招呼道："快来看、快来看，你猜我这鞋多少钱？"语文老师扭过头来看着Z老师，没吱声，等着Z老师的下文。Z老师果然有下文："哈哈，一分钱没花！中午我姐把我叫去拿的！她买小了，没法儿穿！让我捡了便宜啦！"语文老师搭腔说，"还真挺不错的，看把你美的"……

第二，一天，搭班的语文老师下了课、回到办公室，对Z老师说："你没事儿帮我给咱们两个班的学生家长发个信息，通知家长给学生买新华字典，下星期上课要用。"Z老师应着回答说："我正说要出去一下呢，那我给你发了再出去吧。"说着就打开电脑上的软件，边开边说"今天留作业了吗？我一块儿发给家长吧。"（自从有了群发短信的软件，老师们一般都把布置的作业也发给家长，以提醒家长督促学生完成家庭作业。）

第一件小事，笔者观察这间办公室两个星期以来，看到两次教师们讨论非教学相关事件中的一次。Z 老师主动跟同事们分享自己的意外收获，谈论起自己的姐姐，将私人生活领域中的一些信息分享给工作环境中的同事。一方面，反映出 Z 老师是一个比较活泼外向的人。另一方面，从侧面反映出，教师们很少互相交流自家的一些事务。

第二件小事，Z 老师很乐意帮助搭班老师做事情。反映出 Z 老师乐于助人，也反映出 Z 老师和语文老师之间的关系比较好。语文老师开口就说明她知道 Z 老师肯定会答应，而 Z 老师对于语文老师的要求也丝毫没有介意。两位老师的关系比较好，在工作中的配合也比较好。

在一天午饭前的时间，办公室电话响起来，是门口保卫室打来电话，说班上一名女学生的奶奶要来见见老师。是 Z 老师接的电话，她回头跟语文老师说："童玲奶奶来了。"语文老师马上回答："让她上来吧。"（从这一问一答中，可以看出来，两位搭班老师，是语文老师做主比较多。）过了一会儿，一位老人拿着一个坐垫进到办公室了。两位老师都站起来，是 Z 老师给老人拿了一把椅子，老人也没坐，两位老师也就没坐下，三个人就站着说话。老人的孙女今天是特殊情况，老人特意拿来坐垫，让孙女舒服一些。老人对两位老师一直表达着谢意，主要说了说孩子这学期在家里认真学习、表现很好，常常说起两位老师等等。老人的孙女是 Z 老师班上的学生，但是 Z 老师等一会儿要值班（在学校门口组织学生下课回家），所以，Z 老师就到班上通知学生放学后到办公室，然后就到学校门口值班去了。而语文老师就一直跟老人互动聊天。这个过程，两个老师没有明显的商量，而是非常熟练地"各司其职"。Z 老师值班之后，回到办公室，再没谈论起老人和孙女的事情。

Z 老师上午基本上都在班级里，上午四节课一般就是三班两节、四班两节，课间的时候，也不见 Z 老师回办公室，倒是常见班上的学习委员或课代表到办公室来抱作业本或是送作业本。小干部们熟练地找到 Z 老师的办公桌，放下材料或拿起材料。看得出来，Z 老师对这个小干部也是比较信任和重用的。每天中午，按照学校规定，应该由班主任坐在教室里面跟同学们一起午间自习。Z 老师班上一般都是小干部们维持纪律。Z 老师午饭后一般就坐在办公室上网、批改作业等，等待下午快下班时，到班级组织放学是每天的最后一项工作。

Z 老师没有参加学校的任何课题研究。她说自己没有兴趣，同时，孩子比较小，一般下班之后就在家里跟孩子玩儿。Z 老师说，她自己最不喜欢加班了。

六　访谈对象 6：L2 老师，女，34 岁

L2 老师是一个比较精干的人，话不多。L2 老师的儿子今年 7 岁了，开学刚好上小学一年级，就在中心小学读书。据 L2 老师说，中心小学的老师挺不错的，还可以在自己身边，没必要去别的学校。一年级的小学生教室在一楼，五年级组办公室在三楼，但是，还是看见男孩常常到 L2 老师办公室来，尤其是做操的长课间和午休时候。长课间的时候，L2 老师会给儿子准备一袋牛奶。午休的时候，L2 老师带着儿子去食堂吃饭。（中心小学的学生如果中午不回家吃饭，交餐费就可以在学校吃食堂。由食堂的师傅把餐车推到楼道，每班的学生轮着排队打饭。学生食堂旁边还有一个简单的食堂，一般教师们就在这个食堂吃饭。）

L2 老师的精干也表现在对自己的孩子和学生的"管理"上。可以说是比较典型的说一不二的风格。曾经在办公室见到 L2 老师把班上的课代表批评哭了。L2 老师也是简单地说："行了，别哭了，以后注意点，回去吧。"简单干练的风格也使得学生似乎不太敢亲近这位老师。当然，可能也跟 L2 老师为人比较严厉有关系。L2 老师的严厉不仅仅是对学生的，对自己的孩子也是这样，跟另外一位四年级学生的妈妈老师不一样的是，L2 老师从来不让自己的孩子动桌子上的东西，也不允许动电脑。有时候，儿子中午要求用电脑看动画片，L2 老师一般都不会同意，常常是要求孩子回教室自习。

L2 老师对自己的工作也是严格要求。据她自己说，她非常在意学生的成绩，谁要是成绩掉下来了，她会狠狠批评一顿。她说，学生有时候就愿意偷懒，现在的学生剖腹产居多，都太顽皮、很狡猾，必须厉害点。L2 老师认为自己的严厉效果很好，"我上课的时候，没有学生敢调皮"。课堂纪律不需要再额外操心管理，课堂教学效果就会好一些。学生按时完成作业，成绩一般都没什么问题。班上也确实有成绩比较差的，L2 老师认为很多都是家长造成的。据 L2 老师说，班上有一些学生

是拆迁户的孩子，拆迁户家里都特别有钱，孩子娇惯得不行。而拆迁户原来就是农民，"没有什么文化，也不会教孩子"。孩子一点苦都吃不了，作业家里一点都不能辅导，"有钱光知道买孩子要的吃的喝的，也不知道请个家教、上辅导班什么的，没办法"。L2老师总结说，班上那些外地打工的孩子成绩都还可以，这些孩子的家长一般都挺注意孩子的教育的，跟老师联系也比较多，常常会打电话问问自己孩子在学校的表现。

L2老师参加了学校的一个研究项目，在其中是骨干教师，因此也比较繁忙。L2老师对这个项目也比较上心，要是有人拿来别的学校的教学材料，她比较积极地借来看看，要是有人张罗一起购买教师用书之类的东西，L2老师都会参与，但是她本人从来没有张罗过。

七 访谈对象7：五年级组的H老师，女，40岁

H老师是一个积极投入教学的老师，她总是那个张罗买材料的人。H老师说她自己就是喜欢钻研，对什么事情都喜欢追根究底、找到答案。所以，平时也愿意思考，究竟教学中哪里有什么问题，怎么才能更好改进。这样的性格使她非常热心参加学校的课题研究和各种培训。2011年，H老师还利用区里的一个机会到×××大学参加了半年的脱产学习。脱产学习是不发工资的，在这一点上，可以说H老师是真的下了功夫、舍得投入的。当然，H老师也觉得这跟她现在家里的情况比较顺当有关系。H老师的爱人在区政府上班，家里条件一直都不错。不仅是物质条件不错，家里的公公婆婆也都比较和气，一家人和和美美，让H老师也能够安心工作。同时，最让H老师省心和高兴的是，H老师的女儿考上区重点中学，一直在尖子班，成绩也一直很不错，女儿自己很努力，一点儿都不需要家里操心，现在高中了，都在学校住校，这些都保证了H老师这几年能够全身心地投入学校的工作和教学中去。

H老师说她自己是一个不怎么聪明但很认真的老师。她喜欢教书不喜欢做行政，所以J校长曾经动员她做年级组长或到教科室来，她都拒绝了。

H老师也是一个喜欢亲力亲为的老师。从来没见过班上的班干部到办公室送作业或拿作业。这个学期，H老师打算尝试不留家庭作业的教学方法，这个尝试得到校长的支持。对于这个改变会不会影响学

生的成绩，H 老师也没有什么把握，因此，这学期每天的教学，H 老师都非常上心。为此，H 老师也找了很多的相关资料，有的资料她还会跟同事说一下，张罗一起买。但是，除此之外，虽然 H 老师在中心小学已经工作很多年，但是却没有跟哪位同事有较深的私人感情。唯一比较熟悉的教师是前面介绍过的 L2 老师和后面会介绍的谷老师。这两位老师，H 老师一提起来就会说，她们真是对教学特别投入，等等。H 老师对其他教师的熟悉也仅限于在教学经验分享和交流的时候，对别人的教学方法方面有一些了解。说到哪位老师家里什么情况，H 老师几乎不清楚。

说到这个，可能跟老师们的年龄分层有关系。目前中心小学的教师可以简单分为老中青三代。老教师已经不多了，学校为了照顾老教师，一般都给老教师单独安排办公室，一般是二人一间，偶尔三人一间。在分配教学工作量的时候，老教师也是先挑选上课班级和上课时间。中年阶段的教师一般都干得比较有成绩，或者是学科骨干教师或者已经是学校相关部门的领导，或者已经调动到其他单位。年轻的教师相对最多，基本都是一些要么还没结婚的小年轻，要么就是孩子还比较小的青年人。女教师占绝大多数。像前面提到的 S1 老师和后面会提到的孩子上小学五年级的老师是在中青年交界的地方。相对来说，中心小学这些年引进了不少年轻的教师，她们学历比较高、起点比较好。早些年入校的中年教师比较有危机感，这一点，H 老师特别分析了一下。

八 访谈对象8：五年级二班班主任，W 老师

除了 H 老师，W 老师就是这个办公室年龄最大的老师了，她的儿子在学校的四年级上学，好像学习比较好，是班上的班长，总是戴着一个红色的袖箍。一到课间或者是午休的时候，必然在妈妈的办公桌前面，喝水、吃东西、看电脑、看书，等等。这个男孩对办公室非常熟悉，就像在自己家里，看到笔者坐在办公室里，还问笔者，你在这里干什么。从稚嫩的神情中，明显能看到孩子的优越感。同时，如果 W 老师班上的学生过来送作业本，碰到这个男孩的话，这位男孩就会说："放在这里吧！"

对于孩子常常在办公室逗留这一点，W 老师完全没有觉得有什么问

题，办公室其他教师也没有任何人说什么。大概是从孩子小学一年级到现在就是这样，大家也都熟视无睹了。

相对来说，W 老师把不少时间花在班级教学上，经常在班里面监督同学们自习，留作业和批改作业的次数也比较多。W 老师是一个比较自信的人，她相信自己、喜欢自己琢磨教学方法。所以当有培训机会的时候，W 老师不是很积极。她说："有的老师教的方法在我们学校根本实现不了，我现在想知道的是面对多动的孩子的时候，我怎么说他。这些问题来培训的老师根本讲不到。我也不愿意看书，那些书上讲的，更不实际。再说，我哪有什么工夫去查书、查资料啊？其实我也不喜欢做什么课题研究，没什么意思，就是写呗，我还不知道吗，有的老师就是编的。"

不知道 W 老师是不是有所指，但是似乎课题研究和教学培训都引不起她的兴趣。除此之外，W 老师又举了几个例子来说明书上没有 W 老师想要的答案。在例子中，有一个很有意思的话题，就是前面一个老师也说到过的——剖腹产的孩子多动。W 老师也说不出来是谁跟她说的，或者是在哪里看的，但是却非常明确地将现在小学三年级的学生不能够很好地遵守课堂纪律而是常常不安稳地坐在教室里面的原因归结为剖腹产。

W 老师确实有比较丰富的带班经验，对班上学生的特点比较熟悉。对于教师的生活现状，W 老师觉得没什么好，也没什么不好。

九　访谈对象 9：跟 W 老师搭班的 X 老师，4 岁女儿的妈妈

X 老师是一个非常敬业的老师，即使她在办公室的时候也基本都是在备课本上写写画画。有时候课间碰到数学老师还会主动问问有什么新的辅导材料，或者对于什么问题有什么推荐的参考书。

在聊天中，X 老师说前几年女儿比较小、顾不上，认真教学已经不容易了。现在女儿已经上了幼儿园，精力逐渐转移到好好搞科研、提高教学水平上面了。对于能够看到的辅导材料以及听到的培训来说，X 老师觉得还是挺有帮助的，有的时候可能当时没感觉，但过一段时间之后发现还是有道理的。

但是 X 老师觉得自己不是学校的骨干教师，受到的培训挺少的，反而那些已经是骨干教师的，却有很多开会听讲座的机会。X 老师感觉虽

然中心小学不大，但是能够成为拔尖的老师也挺难的。

X 老师说，她想成为好老师，但是觉得没有特别好的办法，好像找不到适合自己发展的途径。

十　访谈对象 10：科学课教师，五年级组办公室在外间的副科教师，Z 老师，外地大学生留京

Z 老师是刚刚到中心小学工作一年的新教师，她是刚刚从大学本科毕业应聘来到中心小学的。作为新入职的教师，Z 老师的表现是非常标准的——她每天第一个到学校（当然是因为她就住在楼上的单身宿舍），到办公室第一件事就是擦地板、擦了地板之后打开水、给脸盆架里面的脸盆换上干净的水，等等。在笔者观察的这两个星期，每天都是 Z 老师在打扫卫生。问及，答曰，喜欢劳动，当作锻炼身体来做的。

Z 老师跟学校的一位老教师——吴老师承担全校学生的科学课，Z 老师觉得科学课很有意思，她也很喜欢教科学课。就是觉得学校现有的条件不是很好，很多实验设备都不齐全，因为科学课是副科，学校有限的资金也没办法过来。但是，Z 老师马上补充说，这也是没办法的事情，毕竟学校的级别不行，学校的经费全靠教委拨款。听说这几年学校的经费已经是比以前多多了。

Z 老师跟办公室的其他老师（包括跟老师一起上班的子女）都会热情地打招呼，大家都比较感谢 Z 老师每天打扫卫生。但是，出了五年级组办公室，似乎学校的其他老师都还不太认识 Z 老师，Z 老师对其他部门的老师也都不太认识。

毕竟还是新教师，一切都才刚刚开始。适应新环境似乎是 Z 老师的首要任务。

十一　访谈对象 11：W 老师，将近五十岁的男老师，家里有一位病重的妻子，跟 Z 老师一起上科学课

W 老师是学校的老教师了，从学校建校的时候，W 老师就来到了中心小学。回想起当时的选择，W 老师说，"我那时候太年轻了，光知道玩儿，随便考了一个技校。在技校的时候也没好好学习，到临毕业了，太懒了，也不想去上班，家里看不下去了给安排了到中心小学教书。没觉得当老师有什么好的。我舅舅就曾经指着我鼻子骂：你这没出息的，当什么孩子王啊！别看社会上都吹着呢，说教师是什么人类灵魂的工程师，扯淡，那都是因为没人干，才这么鼓吹呢。教师那时候哪有什么社会地位啊？吹得越好听，说明实际上社会地位越差。挣那么点工资，当时介绍对象都难。我哪儿想干啊，可是没好好念书，也干不了别的，得咧，就这么干着吧。我曾经错过了一个特好的机会，1990年前后，区里在小学教师里面挑区政府干部，那时候基本去报考的都上了，在区政府各个局，那时候还叫镇政府。我也想去啊，都跟家里说好了。结果我们当时的校长找我了，说什么也不让我走，我说我教书也教不好啊，为什么不让我走哇？就是因为我是男的呗。当时全校就我和他——校长两个男的。我心一软，没走成。可是我心里那叫一个不痛快啊。我天天跟他对着干，开会的时候，他讲话、我搭腔，把这老头儿气得哦，哈哈。可是老校长（指原来那位校长）也很有意思，就是不理我这茬儿，就是不跟我谈。为什么不跟我谈啊？他理亏呗。再说，我就是这样的人，我也不怕得罪这些人。我就看不上这些人，当了校长就人模人样的，开个会就跟那儿摆谱儿。开大会的时候，叫我参加我就参加，参加了我就坐底下跟那儿坐着，拿眼我就盯着她，我接茬捡漏，有意思着呢。后来，人不让我参加了，不参加正好，嗨。"

为了充分呈现出W老师身上的那股劲儿，上面这段话是录音原貌。W老师自己回想起当年年轻时候的混账事，也十分唏嘘。现在的W老师虽然也有一些愤青的样子，却已经是极为豁达的感觉了。W老师的爱人已患帕森斯症多年，近来病情恶化得很厉害，因为家里条件不是很好，没钱，也没再去治疗，基本都是在家里吃药养着，全靠W老师一直照顾着。每天做饭洗衣、提醒吃药、上厕所，等等。学校也体恤到W老师家里的情况，首先，课程尽量少排。W老师还坚持每周三个半天来学校，不是因为非他不可，按照W老师的意思，真正的原因在于成天在家里对着爱人郁闷。出来上课散散心。其次，学校相关部门一致认可：无论学校有什么安排，W老师都可以请假。尽管负担很重，W老师还是热心参加邻里建设工作，于2009年登上了《区报》。该报道讲的是W老师在他居住的社区，担任了义务调解员的事迹。报纸上还刊登了W老师坐在社区其他邻居筹措的调解办公室的照片。

W老师说，这些年当老师确实比以前受尊重多了，家长特别重视分数，也对学校老师特别在意，当然我这副科还远远不行。可其实，学生成绩好坏，关键是家长的教育。W老师举例说，有一次上课打铃了，我顺口问了一句，都带书了吗？没想到，还真有没带书的，我问她，为什么不带书啊？孩子回答说，我妈说了，科学书太沉了，就别带了。因为太沉了，就把科学课程的教材放在家里了。W老师对这一句话非常有意见。这是什么家长啊？结果一调查，家长是开发廊的。似乎更是印证了W老师的想法：家长的素质和水平几乎决定了学生的学业成就。

W老师说，他当教师这么多年，唯一有感触、觉得特别感动的就是一位五年前孩子叫董子皓的学生家长。W老师是这样讲的："有一天，我正跟家里待着呢，突然电话响起来了，我一接，一个女的声音，问呢，请问这是W老师家吗？W老师，您好！我是您教科学的五年级三班的董子皓的家长，我们子皓周三和周四生病了，在家没上学，耽误了一节您的科学课，您看，您讲了什么内容需要我跟孩子学习的吗？"W老师说："当时我听了这电话，感动的哟。我当了这么多年老师，这是头一回！头一回有家长问问，科学课我该补什么课！嘿！这把我感动的，我这激动啊，赶紧说我来给孩子讲讲吧。人家家长真是明白事理啊，人家是真懂啊！别看我这科学现在是副科，但是我这课是将来学习理科的基础！瞧瞧人家家长这素质，比那开发廊的（参见前面的例子）强太多了！当然那人家家长也没让我去，还问我家住在哪里，过来拿孩子作业呢。啧啧！"

接着这两个例子，W老师谈论起了对教师社会地位的看法。在W老师看来，无论是以前还是现在，其实教师的地位都不高。孩子上学的时候，家长都不一定真心觉得孩子老师好，等一毕业更是早忘在脑后了。尤其是现在，家长对老师表面上说好好好，转过脸就开骂，他见得多了。当老师这么多年，尤其是小学老师，回学校看老师的，根本没有。在街上碰上，能认识你是老师的就算不错的了。

随着这个话题，我问W老师，有没有后悔那时候没去当公务员。W老师很痛快地回答："没有，还真没有。"据W老师自己分析，最重要的原因是W老师喜欢每天和天真烂漫的学生待在一起。因为这些孩子，W老师喜欢当老师，"跟孩子打交道，心情特别好"。

十二　访谈对象 12：教自然课的 G 老师，五十多岁

G 老师和 W 老师在一个办公室，她是一位温和的老人。回答笔者的问题时慢腾腾的，给人一种波澜不惊的感觉。

据 G 老师说，她本来在区的一个中学当老师，教初中物理，因为初中有中考的压力，而物理是初二才开始上，等于她几乎总是要送毕业班，当时压力很大。G 老师说，倒不是什么别的压力，就是特别替学生着急，尤其是有的学生似乎怎么学都搞不懂。而她自己又是一个比较安静的人，一般也不跟别人嘻嘻哈哈聊天什么的。所以教书时候的压力不太擅长排解出来，四十多岁的时候，查出来乳腺癌，做了手术之后，家里人就坚决不同意她再去初中教书了，她也觉得自己干不动了，心境完全变了。倒不是觉得学生或者是教书造成的，只是感觉应该换个环境，所以来到了中心小学，没有选择教数学，而是选择教自然课。G 老师说，觉得在小学教书挺好的，学生很可爱，对自然也很感兴趣，所教的内容也比较有意思，课也不多，每年还有寒暑假，让她觉得非常满意。现在还有几年就退休了，打算就这样再教几年，等退休的时候，要是学校需要，就再教几年，要是有新人了，就退休回家，跟老伴儿出去旅游。

听得出来，G 老师对于退休之后的生活已经有了一些计划，但是似乎也没有急着退休，倒是给人一种优雅顺畅的感觉。按照 G 老师自己的说法，那次生病之后，自己变了不少。

十三　访谈对象 13：套间内屋，L3 老师

L3 老师很年轻，不到 24 岁，是北京丰台人，小时候一直在市里居住，城里房子拆迁在××区住了。读大学的时候，学的是法律，毕业之后一直没有考过司法考试，家里很着急，就托人进了中心小学，教思想品德课。

L3 老师说，本来想着先找个工作干着，课余时间复习准备考司法考试，但是没想到当老师这么忙，思想品德这课事儿特别多，有时候必须要求你去学习啊、听报告啊，挺耽误时间的，因此她没少埋怨家里人。现在感觉到自己离原来的理想越来越远了。有时候想干脆辞职算了，在家里专心复习还有可能通过考试，这么想的时候，又觉得挺对不起家里人的，家里托人花了不少钱。可是一想到可能就要这么干一辈子

了，也觉得挺不甘心的，尤其是自己不是很喜欢孩子，还好自己教的是五年级。现在的想法是看自己能不能找个律所的工作，边干边复习，可是又觉得自己考了那么多次都没成功，可能就不是这块料儿。L3 老师说，自己在学校的时候，忙活着上课还好，没上课的时候就总瞎琢磨这事儿。

十四　访谈对象 14：思想品德课 W 老师，怀孕六个月

怀孕六个月的 W 老师每天悠闲地上课，没有课的时候，就在办公室看小说。W 老师说因为有辐射，基本不开电脑，不开手机，现在过上了基本无电的生活。W 老师家就住在附近，走路二十分钟的距离，很方便。

W 老师认为当老师就没打算要大富大贵，老师本来就是一个没前途的职业，也是一个没钱途的职业。W 老师非常直言不讳地说，我就是一个没追求的人，养好孩子，过好日子就行了，上班就是拿好工资就行了。

除了上面 14 位教师，参加这次访谈的，还有四位，分别是副校长 J 老师、教科室主任和副主任以及教导处主任。其中副校长 J 老师主要谈的是学校的规章制度的规定；教导处 M 主任主要分享了学校教学方面跟区教委、镇政府以及相关领导部门之间的沟通和协调，尤其是分享了自己在 2010 年到 2011 年的全年会议记录本；教科室主任主要分享了学校这几年的研究情况以及自己对于教师科研的认识；教科室副主任主要分享了自己作为美术教师（副科教师）发展为教科室主任的主要经历。

附录4　Z 小学绩效工资方案（节选）

一　指导思想

遵循教育体制改革的指示精神，进一步深化学校内部的体制改革，充分调动积极因素，奖优罚劣，全面提高教学质量，遵循以岗定薪，岗变薪变，多劳多得，优劳优酬，注重实绩的原则，制订此方案。

二　资金来源

1. 财政补贴：体改工资每人每月 35 元。

2. 学校投入：每月人均 100 元。

3. 绩效补贴：每月人均 60 元。

4. 每学期效益人均 500 元。

三 具体实施方案

（一）课时工资方案

1. 工作量

①班主任语算双包兼辅导员或两个班语文或数学兼班主任、辅导员为满工作量，早自习要求教师到校并进班每周 2.5 课时。

（英语教师每周三个班每班两节布置早读内容并检查，加一课时）

（英语教室布置早读内容并检查，每周加 2 课时）

②科任教师 18 节为满工作量。

③图书、档案管理人员 8—12 节为满工作量；学前班教师 25 节为满工作量。

④体育教师带操每周加 2 课时，器材保管每月加 2 课时，自然教师的仪器保管每月加 2 课时。

2. 奖金发放

①满工作量的每位教师每月发放课时费 1.6 元。

②每超一课时加发 2 元，教师代课按每课时 2 元计算。

③1—6 年级班主任按照每生每月 1.6 元发放班主任酬金。一、六年级班主任每月加酬金 15 元。

④三人两班，班主任拿本班学生数的三分之二，教两班的教师拿两个班学生总数的三分之一。

⑤教研组长每人每月 20 元。工会小组长每月 20 元。

⑥电教人员拿平均数。

⑦后勤人员拿平均数的 1.1 倍。

⑧校长、副校长、主任、副主任拿平均数的 1.5、1.4、1.3、1.2 倍。

⑨岗位补贴：校级 45 元，中层及班主任 35 元，科任后勤电教人员 25 元，非教学人员 15 元。

⑩职称补贴：中高 40 元，小高 30 元，小一 20 元，小一以下（不含小一）10 元。

3．扣除

①事假：（薪级工资＋课时费）÷22×天数，超出一周扣除多的全部课时费，另外按工资政策扣除工资部分。

②病假：（薪级工资＋课时费）÷22×天数×1/2，超出两周扣除全部课时费，另外按工资政策扣除工资部分。

……

⑦迟到早退20分钟为一次，4次为一节，六节扣一天。

……

（二）效益工资方案

教师效益工资，按照百分赛结果给每人得分算钱。

2.1 百分赛办法

（一）目的：全面公正地评价每一位教师，调动全体教职员工的积极性，搞好教育教学工作。

（二）范围：全体教职工

（三）办法：分项、分层打分量化，平时量化与期末量化相结合。

（四）内容：

1．政治思想（20分）

领导干部、教代会或全体教师给打分量化。

（1）积极参加政治学习及学校的各项活动，不迟到不早退，认真学习做好记录。（5分）

（2）积极配合学校做好各项工作，有奉献精神不计较报酬，言行符合集体利益。（5分）

（3）积极参加教研活动，刻苦钻研业务，认真完成并按时上交各种资料，坚持自学坚持写教学笔记，每月写读书笔记2—4篇。

（4）自觉遵守学校各项规章制度，按时上下班，完成学校的工作量。（5分）

2．教育教学工作（50分）

科任教师（仅以科任教师为例）

（1）备课（10分）：认真钻研教材、准确把握教材，按时、按质、按量写好所教学科的教案。

（2）上课（10分）：认真上好每一节课，目标明确、过程清楚、教法得当、手段、重点突出、难点突破、效果显著。

（3）作业批改（10 分）：认真批改每一次作业，做到不漏批有复批，作业每课批改一次，作业及作业本使用符合学校要求。

（4）建立良好师生关系，培养良好课堂常规，所教班级教学秩序稳定。（10 分）

（5）积极开展第二课堂活动，成立兴趣小组，按计划开展活动，有活动记录。（10 分）

（6）组织学生参加各种比赛，取得较好成绩。（5 分）

（7）主动与班主任联系，配合班主任的工作，对学生进行思想品德教育，并取得较好效果。（5 分）

3. 工作成绩（20 分）

（1）合格率达标奖 10 分，未达标得 5 分，百分之百加 5 分。

（2）优秀率达标 5 分，未达标 3 分。

（3）体育教师达标率 10 分，未达标 5 分，优秀率达标 10 分，未达标 5 分。

（4）没有统考的科任教师及其他人员由学校领导根据教学情况，完成工作情况，分别给评出 A：20 分、B：15 分、C：10 分三个等级。

2.2 扣除

1. 事假一天扣除 2 分。

2. 病假一天扣除 1 分。

3. 新调入人员：第一学期 = 应得数 × 50%；第二学期 = 应得数 × 70%。

4. 有体罚和变相体罚现象视情节扣除全部效益工资。

5. 杜绝无准备课，如发现不备课上课者扣除 5 分。

2.3 奖惩方案

奖励和惩罚是一种强化刺激，其最终目的是调动广大教职工积极性，实现学校办学目标，以物质奖励与精神奖励相结合。

一、奖励

（一）由学校推荐教师论文、教案、教具制作等获奖，奖励教师（若发表论文按一等奖算，未经学校推荐降一级即由县级降为镇级，市县级评选时只有一等奖、二等奖，无三等奖，则二等奖视为三等奖。）

市级：一等奖 40 元、二等奖 35 元、三等奖 30 元

区级：一等奖 30 元、二等奖 25 元、三等奖 20 元

镇级：一等奖 20 元、二等奖 15 元、三等奖 10 元

校级：一等奖 15 元、二等奖 10 元

（二）由学校往上报选的课获奖，按等级奖给教师（研究课、示范课、观摩课按降一级计算，若市县级评选时只有一、二等奖，无三等奖，奖励则二等奖视为三等奖）

市级：一等奖 50 元、二等奖 45 元、三等奖 40 元

区级：一等奖 40 元、二等奖 35 元、三等奖 30 元

镇级：一等奖 30 元、二等奖 25 元、三等奖 20 元

校级：一等奖 20 元、二等奖 15 元

（三）辅导学生获奖（教师辅导学生获奖给予教师奖励）

1. 个人（学生文章发表相当于一等，学生所得奖励若是按订购比例发奖的，学校不给予奖励）

市级：一等奖 60 元、二等奖 40 元、三等奖 20 元

区级：一等奖 20 元、二等奖 15 元、三等奖 10 元

镇级（含校级）：10 元

2. 集体（教师辅导学生集体获奖）

市级：一等奖 100 元、二等奖 80 元、三等奖 70 元

区级：一等奖 80 元、二等奖 70 元、三等奖 40 元

镇级：一等奖 40 元、二等奖 20 元、三等奖 10 元

（四）学校活动奖励

1. 优秀班集体每评选 1 次奖 20 元；优秀教研组每人奖 10 元。

2. 学校质量抽测在年级当中平均分、优秀率、及格率综合评定第一名奖 20 元。

3. 在镇学科抽测中综合评定第一名奖 50 元；第二名奖 30 元；第三名奖 10 元。

4. 学校组织的推门课、献优课、挂牌课等讲课活动中，一等奖 20 元，二等奖 10 元。（评选总人数不得超过 3 名）

5. 备课检查一等奖 30 元，二等奖 10 元。（评选总人数不得超过 3 名）

6. 作业批改检查一等奖 30 元，二等奖 10 元。（评选总人数不得超过 3 名）

7. 教学笔记、教学手册、朗读手册、综合评价手册等使用情况合

理，综合评定一等奖 20 元，二等奖 10 元。（评选总人数不得超过 3 名）

8. 学校组织的各项评比活动中一等奖 20 元，二等奖 10 元。如不评等级奖 10 元。（评选总人数不得超过 3 名）

二、惩罚

（一）教职工之间，教师与学生家长之间发生矛盾，并公开在学校大吵大闹造成不良影响的，除批评教育外，扣除当月课时工资及期末效益的 50%。

（二）凡是违反学校会议制度，迟到、早退者，不管因公因私，不必申明原因，每迟到、早退一次，从课时费中扣除 5 元。期末效益奖中违反一次扣 1 分。

（三）无故损坏学校财物，自觉照价赔偿，否则交 10 倍罚款。

（四）凡学校要求必交论文、教案、教具、课件未交的，必做的献优课、研究课未做的罚款 20 元。

（五）上课无故不能按时到岗或中途离岗又未向教导处请假，按旷职 1 节计算，6 节为 1 天，累计 2 天算自动离职。

附：各年级语数成绩要求（科任教师随各年级语数标准）

年级	合格率	优秀率
一年级	98%	60%
二年级	98%	55%
三年级	98%	50%
四年级	97%	45%
五年级	97%	40%
六年级	97%	35%

附录 5　某学校岗位聘任和考核办法

为进一步深化人事分配制度改革，落实"一二五"人才工程建设规划，依据《中华人民共和国高等教育法》《中华人民共和国教师法》等法律、法规，结合我院实际，制定本办法。

一　聘任

（一）聘任原则

1. 公开招聘，竞争上岗，择优聘任。

2. 聘约管理，突出绩效，严格考核。

3. 以岗定责，责酬一致，奖励业绩。

（二）聘任权限及组织领导

1. 校聘教学岗位由学院聘任；系聘教学岗位由学院授权，教学部门聘任。

2. 聘任工作在院党委及院长办公会的统一领导下进行。学院成立聘任工作领导小组，负责全院聘任工作的组织实施，聘任工作领导小组办公室设在人事处，负责日常工作；教学部门成立聘任工作小组，负责本部门聘任工作的组织实施。

3. 学院聘任工作领导小组成员由院长办公会研究决定；各教学部门聘任工作小组成员由各部门提名，报院长办公会批准。

（三）聘任程序

1. 学院或学院授权教学部门公布教学岗位招聘信息。

2. 教师本人提出书面申请。

3. 学院聘任工作领导小组组织专家对申请校聘教学岗位的人员进行评议，在专家评议的基础上进行审议，经表决后向院长办公会报校聘教学岗位拟聘人员的建议名单。

4. 各教学部门聘任工作小组通过必要的程序对申请系聘教学岗位的人员进行审议，并将系聘教学岗位的拟聘人员名单报学院聘任工作领导小组审核后，在人事处备案。

5. 学院审批校聘岗位聘任人员，核准系聘岗位聘任人员，在校内公示。

6. 公示期满，未发现问题者，聘任上岗。

7. 落聘人员可以降级聘任、校内转岗，也可转入学院人员流动中心待岗。

（四）聘期

1. 五级及以上教学岗位每一聘期为三年，六级教学岗位的聘期为一年。

2. 聘期内按规定退休，则聘期相应终止。

3. 聘期内如出现职务变动或工作调动等情况，则聘期相应调整。

二　上岗条件和岗位职责

（一）上岗条件

1. 申请各级教学岗位的人员，应取得相应岗位的任职资格，符合学院规定的任职条件，且在上一聘期考核合格。新接收或引进的教师，必须具备研究生学历、硕士及以上学位，其中，专业课教师一般应具有博士学位。

2. 受聘四级教学岗位的，除具备上述条件外，还须具备以下条件：

（1）必须具备中级及以上专业技术职务任职资格。

（2）有较丰富的教学经验，能够根据学科发展需要适时调整教学内容和教学方法；上一聘期教学评估成绩合格。

（3）具有从事教学研究与科学研究的能力，并具备下列条件之一：近五年内：

①在 F 类及以上期刊发表论文的累计科研工作量达到 100 科研小时，或在 E 类及以上期刊发表论文的累计科研工作量达到 75 科研小时；

②作为项目负责人完成国家级或省部级项目，累计的科研工作量达到 100 科研小时；

③出版学术专著或高校教材 1 部（独著，10 万字以上；合著，第一作者，本人撰稿 5 万字以上；主编 15 万字以上专著或教材，本人撰稿 3 万字以上）；

④个人（或主持人）获得学院优秀教学成果二等奖或连续两年获得优秀教学成果奖。

3. 受聘三级教学岗位的，除具备上述条件外，还须具备以下条件：

（1）专业课教师必须具备副教授及以上专业技术职务任职资格或具有博士学位，公共课教师必须具备中级及以上专业技术职务任职资格。

（2）有丰富的教学经验，能独立担任一至两门课程的教学工作，并能根据学科发展不断更新课程内容，积极推进教学改革；上一聘期教学评估成绩优良。

（3）具有独立从事教学研究与科学研究的能力，并具备下列条件之一：近五年内：

①在 E 类及以上期刊发表论文的累计科研工作量达到 200 科研小时，或在 B 类及以上期刊发表论文的累计科研工作量达到 75 科研小时；

②作为项目负责人完成国家级或省部级项目，单个项目的科研工作量达到 200 科研小时；

③出版学术专著或高校教材 1 部（独著，10 万字以上；合著，第一作者，本人撰稿 10 万字以上；主编 20 万字以上专著或教材，本人撰稿 5 万字以上）；

④个人（或主持人）获得学院优秀教学成果一等奖。

4. 受聘二级教学岗位的，除具备上述条件外，还须具备以下条件：

（1）专业课教师须具备教授专业技术职务任职资格，或具备副教授职务任职资格且具有硕士及以上学位；公共课教师须具备副教授及以上专业技术职务任职资格。

（2）有丰富的教学经验和显著的教学业绩，所授课程为本专业骨干或优秀课程，教学改革有明显成效；教学评估成绩长期保持优良水平，在学生中有较高声望。

（3）治学严谨，具有奉献精神、敬业态度、协作意识和民主的学术作风，在学院的学科建设中做出过突出贡献。

（4）有丰富的科研经验，较强的科研能力，并具备下列条件中的两项：近五年内：

①获国家级、省部级优秀科研成果奖励（三等奖及以上）或获国家级、省部级优秀教学成果奖励（三等奖及以上）；

②有主持国家社会科学基金项目、国家自然科学基金项目、教育部人文社会科学项目、全国教育科学项目、北京市哲学社会科学基金项目、司法部项目等国家级或省部级项目的经历（要求为项目负责人，单个项目的科研工作量达到 200 科研小时）；

③在国际一级学术刊物发表学术论文 1 篇及以上（独著或第一作者）；或在国内 B 类及以上刊物发表学术论文（独著或第一作者）的累计科研工作量达到 200 科研小时；或在 E 类及以上刊物发表学术论文（独著或第一作者）的累计科研工作量达到 400 科研小时；

④出版学术专著 1 部及以上（独著，字数超过 10 万字；合著，第一作者，本人撰稿 15 万字以上；主编 20 万字以上专著或教材，本人撰稿 10 万字以上）。

以上条件中的前三项可相互折算。

（5）1957年1月1日以后出生者应具有研究生学历。

5. 受聘一级教学岗位的，除具备上述条件外，还须具备以下条件：

（1）必须具备教授专业技术职务任职资格。

（2）有较高的学术造诣，活跃在学科前沿，是本学科领域内公认的优秀学者；能够正确把握本学科的发展趋势，并提出有重要学术和实践意义的研究课题，在教学科研方面有同行公认的学术成就，研究成果处于国内先进水平。

（3）科研能力强，科研业绩突出，并具备下列条件中的三项：近五年来：

① 获国家级优秀科研成果奖励（二等奖及以上）或获国家级优秀教学成果奖励（二等奖及以上）；

② 有主持并完成国家社会科学基金项目、国家自然科学基金项目、教育部人文社会科学项目、全国教育科学项目、北京市哲学社会科学基金项目、司法部项目等国家级或省部级项目的经历（要求为项目负责人，单个项目的科研工作量达到200科研小时）；

③ 在国际一级学术刊物发表学术论文1篇及以上（独著或第一作者），或在国内A类学术刊物发表学术论文1篇及以上（独著或第一作者）；

④ 出版学术专著1部及以上（独著，字数超过15万字）。

6. 以上国家级奖励是指以中央（国务院）名义颁发的社科（科技）优秀成果奖，包括国家社会科学优秀成果奖、国家科技进步奖、国家教育科学优秀成果奖等（奖励证书所盖公章要有国徽）；省、部级奖是指以中央（国务院）各部门（不含团中央）和省、自治区、直辖市名义颁发的社科（科技）优秀成果奖。包括全国性的各类基金奖，如霍英东基金奖、安子介国际贸易研究奖，以及孙冶方研究基金会、吴玉章研究基金会、陶行知研究基金会颁发的社科优秀成果奖等。

7. 以上获奖成果的署名单位必须为"某学校"。

8. 公共课教师在上一聘期超额完成教学工作，年超额教学工作量达到36课时且评估成绩优良，其科研工作量可按下一级岗位要求。

（二）岗位职责

1. 受聘各级教学岗位的教师均须完成学院规定的教学、科研和人才培养等任务，并根据工作需要，积极承担学院及部门安排的其他教学任务和各项社会工作。

2. 一、二、三级教学岗位教师，还须履行以下职责：

（1）参与本学科建设规划的制定和实施；

（2）主持或积极参与本学科的教材建设、课程建设、教学改革；

（3）积极参与各项学术活动，在学术团队中发挥骨干作用，带动青年教师做好教学、科研工作；

（4）聘期内向学科所在部门提交一份学科建设或教学法研究报告。

3. 一、二级教学岗位教师还须履行以下职责：

（1）努力为本学科及其学术团队扩大学术影响，争取学术资源，增加国内外学术交流的机会；

（2）参与制定和审核学院学科发展规划，并在规划实施中给予指导和建议；

（3）对学风建设、教学改革、科研工作提供咨询和建议。

三　酬金管理

（一）酬金由岗位酬金和业绩酬金两部分组成。岗位酬金指受聘人在岗期间履行岗位职责按月享受的报酬；业绩酬金指根据受聘人年度考核结果享受的报酬以及超额完成岗位教学、科研任务或完成高质量科研成果后享受的奖励性报酬。

（二）酬金发放

1. 岗位酬金的发放

（1）岗位酬金在教师聘任上岗后按月发放。

（2）聘期内经学校批准有部分时间离岗的，按实际在岗时间发放。

（3）同时受聘教学岗位和管理岗位的教师可根据本人意见，按照就高的原则领取岗位酬金。

（4）岗位酬金发放办法见附件。

2. 业绩酬金的发放

业绩酬金分为年度考核酬金和业绩奖励酬金两部分。

（1）年度考核合格及以上的全额发放年度考核酬金；不参加年度考核的不予发放；年度考核不合格的扣发年度考核酬金。

（2）超额完成教学任务的，发放教学业绩奖励酬金；超额完成科研任务的，发放科研业绩奖励酬金。

（3）教学业绩奖励酬金在年度考核后发放，科研业绩奖励酬金在聘期考核后发放。

（4）年度考核酬金由各部门发放，业绩奖励酬金由学院发放。

（5）业绩酬金发放办法见附件。

四 考核

（一）考核权限

1. 校聘岗位由学院考核。根据考核内容，由学院教务处、科研处、研究生处以及相关职能部门共同参与，并综合考核人员及学科所在部门的意见。

2. 系聘岗位由学院授权部门进行考核，并将考核结果报学院审核、备案。

3. 同时受聘教学岗位和管理岗位的人员，由人事处和学科所在部门共同考核。

（二）考核内容

1. 受聘各级教学岗位的人员，按照同级岗位的岗位职责以及各部门根据学院规定制定并经学院审核批准的考核办法进行考核。

2. 根据教学、科研工作的实际需要，对受聘上岗人员的工作任务完成情况采取积分考核办法，具体考核办法见附件。

3. 针对各级教师岗位的不同特点，区别考核内容和重点。对校聘岗位除考核完成岗位基本任务的情况外，还需重点考核受聘人在学科建设中发挥的作用和做出的贡献。

4. 履职考核分为年度考核和聘期考核。年度考核每学年结束时进行，考核受聘人课堂教学、指导任务、其他教学环节和社会工作的完成情况，检查其科研工作进展情况；聘期考核在聘期结束时进行，重点对受聘人科研任务完成情况进行考核，同时结合年度考核结果，考察受聘人聘期内岗位履职情况，并决定是否续聘。

（三）考核程序

考核工作按以下程序进行：

1. 年度考核

（1）学院按时下发考核通知。

（2）学院聘任工作领导小组和部门聘任工作小组组织考核，布置考核具体要求和程序。

（3）教师进行个人总结，填写教师教学科研工作业绩考核表，并将本学年完成的科研成果按规定登录到科研处的数据库。

（4）学院聘任工作领导小组办公室和部门聘任工作小组分别审查校聘岗位和系聘岗位受聘教师填写的业绩考核表，填写教师教学科研工作考核汇总表，报送参与考核的部门，在听取相关部门意见的基础上，结合平时考核情况，提出考核意见。对校聘岗位受聘教师的考核意见报学院聘任工作领导小组审批；对系聘岗位受聘教师的考核意见，报学院聘任工作领导小组办公室审核、备案。

（5）六级教学岗位的年度考核和聘期考核合并进行。

（6）全校年度考核的总体情况由学院聘任工作领导小组报院长办公会讨论终审。

2. 聘期考核

（1）学院聘任工作领导小组办公室和部门聘任工作小组分别汇总五级及以上教学岗位受聘教师三年来的教学、科研任务完成情况，并发至教师本人核对。

（2）学院聘任工作领导小组办公室和部门聘任工作小组分别审查校聘岗位和系聘岗位受聘教师的教学、科研任务完成情况，并以适当方式公示一周，确认无误后，报送参与考核的部门，在听取相关部门意见的基础上，结合年度考核情况，提出考核和续聘意见。校聘岗位受聘教师的考核和续聘意见报院长办公会审批；系聘岗位受聘教师的考核和续聘意见，报学院聘任工作领导小组审核、备案。

（3）学院聘任工作领导小组根据考核结果，审定系聘岗位的续聘意见，并对考核优秀人员做出奖励，对考核不合格人员提出处理意见，并提出校聘岗位续聘人选建议名单，报院长办公会审定。

（四）考核等级

1. 年度考核分为优秀、合格和不合格三个等级。

（1）优秀：履行岗位职责，超额完成岗位任务，且课堂教学质量评估优秀。

（2）合格：履行岗位职责，足额完成岗位任务，课堂教学质量评估合格。

（3）有下列情形之一的，年度考核不合格：教学工作考核不合格；考核工作中隐瞒实情、弄虚作假，不按规定参加考核；出现严重教学事故；新聘教师未通过学校组织的岗前培训及专业技能培训；违反法律、法规被依法追究刑事责任或违反校规、校纪被处以警告以上行政处分；经学院聘任工作领导小组或部门聘任工作小组认定为年度考核不合格的其他情况。

2. 聘期考核分为优秀、合格、不合格三个等级。

（1）优秀：聘期内超额完成岗位规定的科研任务，年度考核均为合格且两次以上优秀，或对学校发展做出重大贡献。

（2）合格：聘期内科研考核合格，年度考核不合格不超过一次。

（3）有下列情形之一的，聘期考核不合格：两次年度考核不合格；聘期科研考核不合格；因个人原因两次未参加年度考核；违反学术道德、剽窃他人学术成果；违反法律、法规，被依法追究刑事责任；考核工作中隐瞒实情、弄虚作假，不按规定参加考核；经学院聘任工作领导小组或部门聘任工作小组认定为聘期考核不合格的其他情况。

3. 聘期考核等级是岗位聘任的依据。

（1）聘期考核合格是续聘原岗位或受聘高一级岗位的基本条件。考核优秀者在同等条件下优先聘任，考核不合格者予以低聘、调整工作岗位或者解聘，不可再续聘原岗位。

（2）低聘是指由上一级岗位聘任到下一级岗位。因聘期内未能完成受聘岗位规定的教学科研工作量而被低聘的教师，在下一聘期内完成上一级岗位规定的岗位任务，可在新一轮聘任中申请竞聘上一级岗位。

（3）同时受聘教学岗位和处级及以上管理岗位的教师，享受学校规定的教学、科研任务减免，但须同时参加教学岗位和管理岗位的考核。

（五）考核争议与解决

1. 如教师本人对考核结果有异议，有权在接到考核结果 10 天内，向本部门聘任工作小组或学院聘任工作领导小组提出申诉，申诉必须以书面形式具名提出。

2. 学院聘任工作领导小组授权学院聘任工作领导小组办公室受理有关申诉，并及时向学院聘任工作领导小组报告。

学院聘任工作领导小组可以委托学院相关职能部门组织调查，必要时可以举行听证会。

3. 学院聘任工作领导小组在接到申诉的一个月内作出书面答复。
以下略。

附录6　某高校教师教学工作考核办法

一　总则

（一）为进一步提高学院教育教学质量，完善学院教学管理制度，科学计算教师教学工作量，制定本办法。

（二）教师教学工作考核按照明确教学工作数量，强调教学工作质量的原则进行。

二　教学工作的考核计算范围

（一）教学岗位的教学工作包括课堂教学、指导研究生和指导教学三部分。

（二）课堂教学是指列入学院教学计划和培养方案，安排课表和教室实际进行课堂教学的在校本科生、二学位生、研究生的公共课、学科基础课、专业课、选修课、实验课、上机课和相关的课堂教学环节，以及为轮训学员授课。

（三）指导研究生是指全过程指导导师制硕士研究生。

（四）指导教学包括担任本科生导师，指导在校本科生、研究生的学年论文、学位论文（毕业设计）、教学实习（社会实践），以及导师制研究生的论文评阅与答辩等。

三　教学工作的考核标准

（一）教学工作的计算采用积分制，每18课时计1分。学校按教学年度每年对教师的教学工作完成情况进行考核。

（二）教学工作考核标准见下表。（单位：分）

岗位级别	教学工作
一级教学岗位	12
二级教学岗位	12

岗位级别	教学工作
三级教学岗位	14
四级教学岗位	16
五级教学岗位	16
六级教学岗位	10

四　教学工作的计算方法

（一）课堂教学

1. 凡正式列入教学计划和培养方案，并安排课表上课的研究生、本科生课程以及为轮训学员授课，每 18 课时记 1 分。具体工作包括课堂授课、指导讨论、参观、观看教学多媒体、批改作业、考试命题、监考、阅卷、成绩登录等。

2. 单位学时按学生人数、课程性质计算课时量，计算公式为：

课时量 = 单位学时 × 人数系数 × 课程系数

学生数	40 人及以下	41—50 人	51—60 人	61—70 人	71—80 人	81—90 人	91—100 人
系数	1.0	1.1	1.2	1.3	1.4	1.5	1.6
学生数	101—110 人	111—120 人	121—140 人	141—160 人	161—180 人	181—200 人	201 及以上
系数	1.7	1.8	1.9	2.0	2.1	2.2	2.3

实验课、上机课、为轮训部学员做专题讲座不计人数系数。

课程系数：本科生课程系数为 1.0，二学位课程系数为 1.1，研究生课程系数为 2，实验课、上机课系数为 0.8，体育课系数为 0.85；非外语教学课使用外语原版教材的，课程系数为 1.5，使用外语授课的，课程系数为 2，以上两项课程系数不重复计算；为轮训部学员做专题讲座一次（半天）计 12 课时。

（二）指导学生

指导教师每学年指导 1 位硕士生计 36 课时；每学年指导 1 位本科生计 4 课时。

任本科、二学位学生辅导员每学年计 36 课时/班；任研究生辅导员每学年计 24 课时/班。

（三）指导教学

1. 指导本科生学年论文每篇按 3 个课时计算，本科毕业论文每篇按 6 个课时计算。

2. 校内硕士学位论文评阅，每篇计 4 课时，校内硕士学位论文答辩每人计 4 课时。

3. 指导本科生以班级为单位的集体实习必须提前上报实习计划和带队教师的姓名。教学实习工作按教学方案规定的时间计算，每周按 9 课时计算。军训带队教师的工作参照上述标准计算。

4. 指导学生参加全国性的课外实践活动（论文比赛、辩论赛及其他活动），论文类每篇计 4 课时，其他活动的指导工作按周计，每周按 9 课时计算，一般不超过 4 周。纳入教学工作计算范围的课外实践活动必须由组织单位事先提出书面申请，并经过学院教务处、研究生处的认可。

5. 体育中心按规定有组织地指导学生进行体育锻炼、活动和项目训练，按每 4 位学生计 1 课时标准综合计算课时总量。

6. 围绕学科，指导或直接从事社会性服务工作，参照上述原则计算。

（四）教学工作的减免

1. 部门正职领导干部减免教学工作 50%。

2. 部门副职领导干部减免教学工作 30%。

3. 聘任期内，经学院有关部门批准的专业课教师在职攻读博士学位，公共课教师在职攻读硕士或博士学位，学习期间每年减免教学工作 36 课时；其他经批准在职进修学习视情况减免教学工作，减免量一般每年不超过 36 课时。

4. 其他特殊情况个案处理。

5. 担任多项职务的减免工作量按就高原则计算。

五　教学工作的考核

（一）教学工作考核按学年进行，每学年一次，每三年汇总一次。

（二）完成规定的教学工作数量，积极承担部门安排的其他教学任务，且教学质量评估成绩在 60 分以上为教学考核合格。

（三）新进入教学岗位的教师课堂教学质量考核允许一定的过渡期，过渡期原则上不超过一学年。

（四）对于在科研工作方面业绩突出，而教学工作量未完成的，教学工作量的不足部分可由完成科研工作量的超额部分折算补充，折算办法为：每25科研小时计18课时。折算的教学工作量不能超过教学工作总量要求的30%，被折算的科研工作量不能再计为科研超工作量。

（五）教学考核分为个人填报、部门初审和学院复查三个阶段。教师本人根据本学期所完成的教学工作填写教师教学工作登记表；部门根据学院的考核办法对每位教师的教学工作进行初审并填写教师教学工作情况汇总表；学院教务处和研究生处对部门上报的教师教学工作情况进行复查。

（六）教学考核应当将教学工作数量的核查与教学工作质量的评估结合起来。教学工作数量的考核按经过核实的课表计算，教学工作质量的考核按学生课堂评估成绩和部门评估成绩合成的总分计算。其中学生评估占70%，部门及同行评估占30%。

附录7　教师科研工作考核办法①

一　总则

（一）为完善我院管理制度，发展繁荣我院科学研究，制定本办法。

（二）我院教师的科研工作应遵守国家的法律法规，提倡学术自由；科研成果应具有一定的学术价值和实践价值，符合有关的学术规范及国家有关知识产权的法律法规。

（三）本办法所指论文是指正式发表的学术论文；著作是指正式出版的学术著作。

（四）本办法所指核心期刊按学院文件认定。

（五）本办法所指科研项目是指我院教师进行的、以科学研究为内容的各类纵向项目和横向项目。

（六）科研考核内容包括我院教师发表论文、出版著作及教材的情况，以及主持或参加的科研项目情况。

---

① 本办法由科研处负责解释。

（七）纳入科研考核范围的科研成果应以某校的名义正式出版或发表。

二　考核期限及基本任务

（一）一至五级教学岗位每三个学年为一个考核单元，六级教学岗位每一个学年为一个考核单元。

（二）教师科研工作基本任务如下：

1. 一、二级教学岗位教师必须完成论文任务量，同时必须完成项目或学术著作中的一项，并达到相应的科研工作总量。项目或学术著作未达到科研工作量的部分可由 E 类及以上论文工作量的超额部分折算，但项目或学术著作工作量超额部分不能折算为论文工作量。

科研任务	一级教学岗位	二级教学岗位
1. 论文	本专业领域内 E 类及以上期刊论文的累计科研工作量达到 350 科研小时；或 B 类及以上期刊论文的累计科研工作量达到 250 科研小时；或 A 类期刊论文 1 篇（独著或第一作者）	本专业领域内 E 类及以上期刊论文的累计科研工作量达到 250 科研小时；或 B 类及以上期刊论文的累计科研工作量达到 150 科研小时
2. 项目	主持完成 1 项科研工作量达到 200 科研小时的省部级及以上科研项目（以领到正式结项通知为标准）；或主持完成 1 项国家级精品课程立项项目（以领到正式结项通知为标准）	主持完成 1 项科研工作量达到 200 科研小时的省部级及以上科研项目（以领到正式结项通知为标准）；或主持完成 1 项北京市精品课程立项项目（以领到正式结项通知为标准）
3. 学术著作	科研工作量达到 200 科研小时（独著或第一作者、第一主编）	科研工作量达到 100 科研小时（独著或第一作者、第一主编）
科研工作量	600	400

2. 三至五级教学岗位教师必须完成论文任务量，并达到相应的科研工作总量。

科研任务	三级教学岗位	四级教学岗位	五级教学岗位
论文	E 类及以上期刊论文的累计科研工作量达到 120 科研小时	F 类及以上期刊论文的累计科研工作量达到 50 科研小时；或 E 类及以上期刊论文的累计科研工作量达到 30 科研小时	F 类及以上期刊论文的累计科研工作量达到 25 科研小时
科研工作量	250	150	75

3. 六级教学岗在论文任务量上不做要求，但科研工作总量须达到 20 科研小时。

4. 本院学报上发表的论文量占论文总量的比例：一、二级岗不得超过 50%，三级岗不得超过 70%。

5. 承担公共课教学任务的教师在聘期内超额完成教学工作，年超额教学工作量达到 36 课时且评估成绩优良，其科研工作任务量可按下一级岗位要求考核。

三 科研小时的计算办法

1. 图书

类别	出版方式	科研小时/千（汉）字	最高科研小时/本
学术专著	国（海）外公开出版	3	900
	国内公开出版	2	600
高校教材	国内公开出版	1	300
	修订版	0.5	150
普及读物、辞典、工具书、考研辅导类书籍	国内公开出版	0.2	60
	修订版	0.1	30
学术译著		1	300

2. 论文（独立撰写）

等级类别	期刊名称	科研小时/篇
A	中国社会科学、科学引文索引（SCI）、人文社会科学引文索引（SSCI）	350
B	新华文摘、中国社会科学文摘、哲学研究、政治学研究、社会学研究、经济研究、法学研究、文学评论、历史研究、新闻与传播研究、马克思主义研究、外语教学与研究、计算机学报、中国体育科技、数学学报、青年研究	200

等级类别	期刊名称	科研小时/篇
C	国外社会科学、学术月刊、社会科学战线、哲学动态、中国哲学史、求是、教学与研究（北京）、马克思主义与现实、中共党史研究、世界经济与政治、管理世界、中国行政管理、中国社会保障、人口研究、心理学报、心理科学、经济学动态、世界经济、统计研究、中国法学、法学家、文学遗产、文艺研究、中国语文、世界历史、国际新闻界、电影艺术、外国语、外语与外语教学、软件学报、计算机研究与发展、体育科学、北京体育大学学报、教育研究、中国图书馆学报、图书情报工作、数学年刊·A辑、数学进展、光明日报（理论版）、人民日报（理论版）	100
D	文史哲、自然辩证法研究、世界宗教研究、现代国际关系、中共中央党校学报、北京行政学院学报、社会、中国人口科学、心理学动态、心理发展与教育、财贸经济、经济理论与经济管理、经济社会体制比较、金融研究、法学评论、中外法学、环球法律评论、外国文学评论、语言教学与研究、中国史研究、美术研究、当代电影、现代传播、新闻大学、外语界、现代外语、计算机科学、计算机工程与应用、体育与科学、体育学刊、中国高教研究、大学图书馆学报、图书馆杂志、数学研究与评论、数学物理学报、北京大学学报（哲社版）、中国人民大学学报、复旦学报（社科版）	75
E	全国中文核心期刊	50
F	国内公开出版的普通学术期刊	25
G	国际学术会议论文集（未公开出版）	10
H	国内学术会议论文集（未公开出版）	5

注：1. B类中的青年研究乘以系数0.5，即按C类计算科研工作量。

2. E类中的全国中文核心期刊以当年执行的版次为准。

3. 国（海）外公开出版的刊物经院学术委员会鉴定评审确定刊物等级后，再相应计算科研工作量。

4. 被人大复印资料全文转载且评上学院优秀论文奖的F类论文可按E类进行计算科研工作量。

　　合作撰写的论文，第一作者乘以系数0.6，第二作者乘以系数0.4；译文乘以系数0.5，合译的论文，第一译者乘以系数0.3，第二译者乘以系数0.2；教师指导学生撰写的论文如正式发表，计算教师工作量。计算方法为：学生论文应得科研小时乘以系数0.3。

　　除C类以外的报纸上发表的1500字以上的学术文章的科研工作量一律按10科研小时计算，1500字以下的不计算科研工作量。由正式出版社发行的学术光盘：小于等于10盘的计5科研小时，大于10盘的计

10 科研小时。

在一个应聘周期内，同一篇学术论文被不同的学术刊物发表或转载的，其科研工作量采取就高不就低的方式进行计算，不重复计算；跨应聘周期的同一篇学术论文被不同的学术刊物发表或转载的，其科研工作量采取补足差额的方式计入下一个应聘周期。

3. 纵向研究项目

项目级别		科研小时/项
国家级项目		300
省部级项目	省部级规划项目	200
	团中央规划项目	50
司局级规划项目		50

注：各级项目中的子项目，其科研小时的计算方法按横向研究项目的计算标准计算。

4. 横向研究项目（按当年实际到达经费计算）

项目类别	科研小时/万元
国（海）外高校、国（海）外研究机构、国（海）外政府机构和基金会等资助项目	25
国内高校、研究机构、党政部门和基金会等资助项目	20
社会团体、企业等资助项目	10

注：1. 项目经费超过 10 万元的项目按 10 万元的标准计算。

2. 只做调研但无公开出版或公开发表成果的横向项目的科研工作量乘以系数 0.6，无学院署名的横向项目的科研工作量乘以系数 0.4。

5. 院级研究项目

项目类别	科研小时/项
重点项目	30
一般项目	15
青年项目	10

四　科研工作的考核

总量和论文量均达到科研工作基本任务要求者，为科研考核合格；总量或论文量未达到科研工作基本任务要求者，为科研考核不合格。

对于在教学工作方面业绩突出，而科研工作量未完成的，科研工作量的不足部分可由完成教学工作量的超额部分折算补充，折算办法为：每 18 课时计 25 科研小时。折算的科研工作量不能超过科研工作总量要求的 40%，被折算的教学工作量不能再计为超工作量。E 类以上核心期刊论文量不能由教学工作量折算。

参 考 文 献

一 著作类

1. 〔美〕威廉·巴雷特:《非理性的人》,段德智译,上海译文出版社2007年版。

2. 〔英〕吉登斯:《现代性的后果》,田禾译,译林出版社2000年版。

3. 〔英〕吉登斯:《现代性与自我认同:现代晚期的自我与社会》,赵旭译,生活·读书·新知三联书店1998年版。

4. 叶澜、白益民、王枬、陶志琼:《教师角色与教师发展新探》,教育科学出版社2001年版。

5. 〔美〕A.J.赫舍尔:《人是谁》,陈维政、隗仁莲、安希孟译,贵州人民出版社1988年版。

6. 〔英〕齐格蒙·鲍曼:《生活在碎片之中:论后现代道德》,郁建兴译,学林出版社2002年版。

7. 〔英〕齐格蒙·鲍曼:《后现代性及其缺憾》,郇建立译,学林出版社2002年版。

8. 〔德〕鲁道夫·奥伊肯:《生活的意义与价值》,万以译,上海译文出版社1997年版。

9. 〔美〕罗伯特·K.默顿:《社会理论和社会结构》,唐少杰、齐心译,译林出版社2006年版。

10. 马克思:《1844年经济学哲学手稿》,人民出版社1979年版。

11. 郭永玉:《孤立无援的现代人——弗罗姆的人本精神分析》,湖北教育出版社1999年版。

12. 曾纪洲:《教书,不简单:一位乡村教师的教育生活》,华东师范大学出版社2010年版。

13. 仲丽娟：《教师专业发展的叙事研究——一位中学教师的亲历亲闻》，北京大学出版社 2010 年版。

14. 陈大伟：《创造幸福的教师生活》，四川大学出版社 2005 年版。

15. ［美］理查德·迈·英格索：《谁控制了教师的工作》，丁钢、庄瑜译，华东师范大学出版社 2009 年版。

16. 姜勇、洪秀敏、庞丽娟：《教师自主发展及其内在机制》，北京师范大学出版社 2009 年版。

17. 高伟：《回归智慧，回归生活——教师教育哲学研究》，教育科学出版社 2010 年版。

18. ［美］威特克尔、威特克尔、兰帕：《如何调动和激励教师》，田丽、王淑花译，中国青年出版社 2007 年版。

19. ［美］埃伦·康德利夫·拉格曼：《一门捉摸不定的科学：困扰不断的教育研究的历史》，教育科学出版社 2006 年版。

20. 高宣扬：《后现代论》，中国人民大学出版社 2005 年版。

21. 联合国教科文组织、联合国教科文组织中文科译：《教育——财富蕴藏其中》，教育科学出版社 1996 年版。

22. ［加］大卫·杰弗里·史密斯：《全球化与后现代教育学》，郭洋生译，教育科学出版社 2000 年版。

23. 小威廉姆·E. 多尔：《后现代课程观》，王红宇译，教育科学出版社 2000 年版。

24. ［美］帕克·帕尔默：《教学勇气》，吴国珍、余巍等译，华东师范大学出版社 2005 年版。

25. ［日］佐藤学：《课程与教师》，钟启泉译，教育科学出版社 2003 年版。

26. ［英］休谟：《人类理解研究》，关文运译，商务印书馆 1995 年版。

27. 钟启泉、张华：《世界课程改革趋势研究》，北京师范大学出版社 2001 年版。

28. ［美］德尼·古莱：《发展伦理学》，高铦、温平、李继红译，社会科学文献出版社 2003 年版。

29. 袁振国：《教育新理念》，教育科学出版社 2007 年版。

30. 黄甫全编著：《新课程中的教师角色与教师培训》，人民教育出版社 2003 年版。

31. 郭庆光：《传播学教程》，中国人民大学出版社 1999 年版。

32. 瞿葆奎：《元教育学研究》，浙江教育出版社 1999 年版。

33. 徐少锦、温克勤主编：《伦理百科辞典》，中国广播电视出版社 1999 年版。

34. 全国十二所重点师范大学联合编写：《教育学基础》，教育科学出版社 2002 年版。

35. 杜小真选编：《福柯集》，上海远东出版社 2003 年版。

36. ［法］米歇尔·福柯：《规训与惩罚》，刘北成、杨远婴译，生活·读书·新知三联书店 2007 年版。

37. ［美］哈里·布雷弗曼：《劳动与垄断资本》，方生、朱基俊、吴忆萱、陈卫和、张其骈译，商务印书馆 1978 年版。

二 学位论文类

1. 杨红英：《新课程改革中教师阻抗的文化检视》，硕士学位论文，广西师范大学，2004 年。

2. 孙菊萍：《追求教师生命的真实成长——小学教师专业发展动力及发展机制的样本研究》，硕士学位论文，华东师范大学，2006 年。

3. 韩菲：《夹缝中的生存与发展——基于教师职业生活的质的个案研究》，硕士学位论文，陕西师范大学，2006 年。

4. 康永久：《教育制度的生成与变革——新制度教育学论纲》，硕士学位论文，华东师范大学教科院，2001 年。

5. 李兴洲：《重构学校精神——学校功能偏离与现代学校制度建设》，硕士学位论文，南京师范大学，2005 年。

6. 郑子娜：《论现代人本主义教育思想及其对我国基础教育改革的影响》，硕士学位论文，福建师范大学，2006 年。

7. 王欣瑜：《生活与教育的含义及其辩证关系》，硕士学位论文，内蒙古师范大学，2006 年。

8. 张西方：《教师德性伦理及其建设》，硕士学位论文，山东师范大学，2007 年。

9. 孙士芹：《初中教师职业生活状态研究》，硕士学位论文，华东师范大学，2006 年。

10. 罗金云：《普通高中教师与学校行政人员冲突的分析及应对策略》，

硕士学位论文，华南师范大学，2006 年。

11. 王凤君：《学校制度对教师职业道德形成的影响及对策——以赤峰喀旗初中学校为例》，硕士学位论文，首都师范大学，2007 年。

三　期刊论文类

1. 王丽娟：《试论绩效工资制度的操纵性》，《中国教师》2009 年第 8 期。

2. 王丽娟：《试论绩效工资制度的制度化后果》，《消费导刊》2009 年第 7 期。

3. 白冰：《后现代教师观的现实追问与理论反思》，《东北师范大学学报》（哲学社会科学版）2008 年第 4 期。

4. 白中军：《对教师职业社会化问题的几点探讨》，《中国成人教育》1996 年第 6 期。

5. 蔡辰梅、刘刚：《"教师是一种良心活"——对教师职业认同方式的分析与反思》，《教师教育研究》2010 年第 1 期。

6. 蔡春玲：《对幸福的哲学思考》，《学术探索》2007 年第 2 期。

7. 蔡美云：《教师专业化与学校管理策略的嬗变》，《教育科学研究》2007 年第 7 期。

8. 操太圣、乔雪峰：《能动性与教师本体性安全》，《全球教育展望》2011 年第 5 期。

9. 曹大宏：《建立现代学校制度的价值取向及其构建策略的探讨》，《辽宁教育研究》2004 年第 9 期。

10. 曹悦群、宋巍：《福柯规训教育思想研究——基于谱系学方法转向与规训概念的创生》，《外国教育研究》2012 年第 12 期。

11. 曾玲娟、伍新春：《教师职业倦怠研究综述》，《辽宁教育研究》2003 年第 11 期。

12. 曾晓洁：《我国教育制度下的两种择校》，《教育科学》1997 年第 3 期。

13. 曾艳辉：《教师专业发展与教师职业倦怠》，《高等函授学报》（哲学社会科学版）2011 年第 1 期。

14. 车丽娜、韩登亮：《学校制度的规约与教师文化发展》，《中国教育学刊》2007 年第 8 期。

15. 陈彩娟：《试论教师职业要求与师范生的素质培养》，《无锡教育学院学报》2004 年第 4 期。

16. 陈冲：《主体性实质之我见》，《韶关大学学报》（社会科学版）1995 年第 1 期。

17. 陈桂生：《新论教师职业的特点》，《教育学术月刊》2009 年第 1 期。

18. 陈秋红：《重归故里——试论现代德育向生活世界回归》，《教育导刊》2002 年第 2 期。

19. 周建平：《教师自我认同：危机与出路》，《教师教育研究》2009 年第 4 期。

20. 陈睿腾：《从功能理论的视角看清朝学校教育制度》，《河北师范大学学报》（教育科学版）2012 年第 1 期。

21. 陈新文：《论教师职业内在价值的生成》，《师资培训研究》2002 年第 1 期。

22. 陈宗明、蔡新：《论教育中的过度控制及其成因》，《常州师范专科学校学报》2003 年第 1 期。

23. 程天君：《无穷小的细节与无限大的权力——学校纪律与日常规范的社会学分析》，《当代教育科学》2005 年第 6 期。

24. 褚宏启：《我们需要什么样的现代学校制度》，《教育研究》2004 年第 12 期。

25. 春燕：《学校制度文化建设的缺失与策略》，《四川工程职业技术学院学报》2010 年第 3 期。

26. 崔向军、马洋纳、朱小茼：《高校教师工作压力与职业倦怠的相关研究》，《中国健康心理学杂志》2011 年第 5 期。

27. 崔新玲、梁进龙：《我国教师职业认同研究综述》，《晋城职业技术学院学报》2011 年第 4 期。

28. 戴双翔、姜勇：《论教师的自由》，《教育发展研究》2008 年第 1 期。

29. 戴新利：《学校管理者应对教师职业倦怠的策略》，《山东教育学院学报》2006 年第 4 期。

30. 丁凤琴、付卫玲：《中学教师工作家庭冲突归因方式与职业倦怠的关系》，《中国学习卫生》2011 年第 3 期。

31. 杜军、张文静：《小学不同群体教师职业认同和职业承诺比较》，

《宁波大学学报》（教育科学版）2013 年第 1 期。

32. 段海军、霍涌泉：《教师效能感与教师专业的自由发展》，《陕西师范大学继续教育学报》2007 年第 3 期。

33. 范魁元、刘景：《现代学校制度建设：现状与出路》，《中小学管理》2010 年第 2 期。

34. 冯建军：《论现代学校制度的公正性》，《教育科学研究》2008 年第 11 期。

35. 冯艳慧、王冬兰、曹长德：《幼儿教师心理授权与职业倦怠的关系研究》，《西华大学学报》（哲学社会科学版）2014 年第 1 期。

36. 冯永刚：《学校教育制度的结构探究》，《教育理论与实践》2014 年第 4 期。

37. 傅淳华：《道德·时间·时间制度——对学校时间制度的道德审视》，《全球教育展望》2009 年第 12 期。

38. 傅梅芳：《主体性、主体性教育及其实现》，《广西教育学院学报》2001 年第 2 期。

39. 甘霖、沈馨琳：《中小学教师核心自我评价、工作压力与职业倦怠关系的实证研究》，《教育学术月刊》2011 年第 7 期。

40. 甘雄、金鑫：《中学教师职业倦怠与人格特质的相关研究》，《陕西国防工业职业技术学院学报》2009 年第 1 期。

41. 高洁：《论教师的幸福》，《内蒙古师范大学学报》（教育科学版）2008 年第 3 期。

42. 葛桦：《主体性道德选择：当代道德教育的内在诉求》，《重庆社会科学》2008 年第 2 期。

43. 葛新斌：《学校，抑或监狱？——福柯对学校与规训关系之描绘》，《华南师范大学学报》（社会科学版）2009 年第 3 期。

44. 龚婷：《农村寄宿制学校制度设计存在的问题及对策》，《教学与管理》2011 年第 5 期。

45. 顾海兵：《关于制度教育学的思考》，《学术界》2006 年第 6 期。

46. 顾云虎：《成绩排名的学校制度知识依据及其批判》，《全球教育展望》2008 年第 5 期。

47. 管月飞：《论教师自由的可能性及其限度》，《文教群论》2007 年第 1 期。

48. 郭继东：《工作生活质量的改善：教师管理的新视角》，《南京社会科学》2009 年第 12 期。

49. 郭元祥：《教师的课程意识及其生成》，《教育研究》2003 年第 6 期。

50. 韩歌：《教师职业生涯发展阶段论》，《理论导刊》2008 年第 11 期。

51. 韩吉珍：《我国教师压力研究述评》，《太原师范学院学报》（社会科学版）2006 年第 5 期。

52. 洪映君：《中学教师职业倦怠与人格特质研究——以温州为例》，《教育评论》2009 年第 3 期。

53. 黄彬：《现代学校制度：内涵、政校关系构建规则及探索空间》，《现代中小学教育》2007 年第 1 期。

54. 黄赐英：《职业倦怠制约教师专业发展的一种重要因素》，《中国教育学刊》2005 年第 8 期。

55. 黄继刚、焦迎春：《福柯之学校空间中规训教育策略探析》，《华北水利水电学院学报》（社会科学版）2012 年第 1 期。

56. 黄文浩：《教师专业自主权本质解读》，《江苏高教》2008 年第 1 期。

57. 揭爱花：《单位：一种特殊的社会生活空间》，《浙江大学学报》（人文社会科学版）2000 年第 5 期。

58. 姜勇、庞丽娟：《论教师的意识唤醒》，《教育研究与实验》2006 年第 5 期。

59. 金沙：《校长与学校制度建设三题》，《江苏教育研究》2008 年第 13 期。

60. 金漩、朱成科：《学校情境下学生生存境遇研究述评——基于规训理论的视角》，《现代教育论丛》2008 年第 8 期。

61. 康永久：《"制度教育学"管窥》，《华东师范大学学报》（教育科学版）2001 年第 1 期。

62. 康永久：《教师专业化的组织激励》，《教育科学研究》2006 年第 11 期。

63. 柯政：《学校变革困难的新制度主义解释》，《北京大学教育评论》2011 年 7 月 1 日。

64. 李继星：《基础教育阶段现代学校制度的基本类型》，《教育理论与实践》2007 年第 3 期。

65. 李家成：《解读"培养"性的教育——从"教育"思维和"教育"气质的角度》，《湖北大学学报》（哲学社会科学版）2002 年第 3 期。

66. 李茂森：《教师专业自主：何以可能与如何可能》，《教育发展研究》2008 年第 6 期。

67. 李勤、唐宇灵：《在内在生命的唤醒与提升中成就教师》，《江苏教育研究》2010 年第 25 期。

68. 李如密：《教学美：教师职业追求的境界》，《教育学术月刊》2009 年第 3 期。

69. 李晓强、陆若然：《中小学教师的权利享有与义务履行：问题与建议》，《内蒙古师范大学学报》（教育科学版）2005 年第 8 期。

70. 李兴洲：《现代学校制度的价值取向探析》，《当代教育科学》2005 年第 20 期。

71. 李宜江：《学校制度原则性与灵活性的冲突及其解决》，《教学与管理》2010 年第 1 期。

72. 李云吾：《学校制度文化影响教师的专业发展》，《现代教育论丛》2010 年第 2 期。

73. 梁燕玲：《我国教师职业特征及发展刍议》，《理论导刊》2002 年第 12 期。

74. 廖传景、毛华配、杜红芹、张进辅：《中小学教师职业使命感的结构与测量》，《西南大学学报》（自然科学版）2014 年第 3 期。

75. 廖辉：《我国基础教育阶段学校课程制度建设研究——基于东西部两省区的调查分析》，《教育理论与实践》2011 年第 8 期。

76. 林成堂：《教师专业自主权研究的述评》，《浙江工贸职业技术学院学报》2006 年第 2 期。

77. 林英典：《竞争、人性、发展：学校制度的精髓》，《现代教育论丛》2006 年第 2 期。

78. 刘贵华：《现代学校制度的演进与缺失》，《教育理论与实践》2008 年第 7 期。

79. 刘国艳：《学校变革中的内部制度缺陷》，《当代教育科学》2007 年第 2 期。

80. 刘华杰：《学校制度的教育性机制及其影响因素》，《教育研究与实验》2010 年第 6 期。

81. 刘继华：《主体性哲学视野下的中小学骨干教师现实特性分析》，《教育与教学研究》2012 年第 7 期。

82. 刘建军：《学校生活中的权力关系展布研究——一所学校革新事件的个案研究》，《教育理论与实践》2012 年第 2 期。

83. 刘捷：《教师专业发展的阶段性及其启示》，《中小学教材教学》2006 年第 11 期。

84. 刘捷：《社会变迁与教师专业工作者的职业理想》，《教育科学研究》2006 年第 8 期。

85. 刘任丰：《学校制度的道德审视及其改造》，华中师范大学，2007 年。

86. 刘思：《试论现代学校制度的目标追求》，《教学与管理》2011 年第 1 期。

87. 刘维良：《教师职业倦怠及其与工作满意关系的研究》，《北京教育学院学报》（自然科学版）2006 年第 2 期。

88. 刘贤敏、周炎根、曹艳杰、张岩：《近十年我国教师职业倦怠状况的横断历史研究》，《教育导刊》2014 年第 5 期。

89. 刘在花、卿素兰：《教师职业承诺研究的新进展》，《外国教育研究》2006 年第 12 期。

90. 刘长海：《破解学校内部制度建设迷局》，《现代学校领导与管理》2013 年第 3 期。

91. 柳德玉：《论经历在教师专业成长中的意义》，《中小学教师培训（长春）》2005 年第 4 期。

92. 卢乃桂、陈峥：《赋权予教师：教师专业发展中的教师领导》，《教师教育研究》2007 年第 12 期。

93. 卢祺、黄莹：《学校场域中的规训权力》，《知识经济》2010 年第 5 期。

94. 陆天池、殷建华：《构建现代学校制度的几点思考》，《上海教育科研》2004 年第 11 期。

95. 罗日辉：《过有意义的教师职业生活——谈新课改下教师职业观的转变与重塑》，《湖南教育》2004 年第 19 期。

96. 吕邹沁、凌辉：《中小学教师工作压力、社会支持与职业倦怠的关系》，《中国健康心理学杂志》2014 年第 9 期。

97. 马丽君：《职业倦怠：教师专业化发展的根本障碍》，《青海社会科学》2006 年第 4 期。

98. 孟凡静、张剑：《影响高校教师职业道德内化主体性的因素探析》，《技术与创新管理》2013 年第 3 期。

99. 孟庆玲、付丽丽：《性别视角下高校女教师职业倦怠的成因及对策》，《牡丹江教育学院学报》2011 年第 4 期。

100. 孟勇：《中学教师应对方式、教学效能感与职业倦怠关系研究》，《心理科学》2008 年第 3 期。

101. 宁虹：《实践—意义取向的教师专业发展》，《教育研究》2005 年第 8 期。

102. 宁轲：《浅析现代学校制度与学校文化的关系》，《新课程研究》2006 年第 8 期。

103. 潘金林：《教师自由简论》，《常州师专学报》2002 年第 3 期。

104. 潘跃玲、熊和平：《学校场域中墙的意涵变迁》，《教育理论与实践》2013 年第 34 期。

105. 彭宏辉：《高等学校教师绩效工资制度改革的反思与建议》，《会计之友》2012 年第 7 期。

106. 彭秀丽：《在建立现代学校制度过程中促进中小学校长的职业化进程》，《当代教育论坛》2005 年第 18 期。

107. 戚万学、唐汉卫：《教师专业化时代的教师人格》，《教育研究》2008 年第 5 期。

108. 齐学红：《教育中的身体隐喻》，《上海教育科研》2006 年第 1 期。

109. 钱巍：《教育智慧：教师专业发展的必然选择》，《辽宁教育研究》2006 年第 12 期。

110. 乔江艳：《新课程背景下教师专业自主权缺失的根源分析》，《内蒙古师范大学学报》（教育科学版）2008 年第 4 期。

111. 屈廖健、贺绍栋：《重点学校制度的社会学再批判》，《江苏教育学院学报》（社会科学版）2011 年第 2 期。

112. 屈陆、杜洁：《试论制度化对学校德育的异化》，《经济体制改革》2009 年第 5 期。

113. 屈陆、刘晓英、冯文全：《制度和生活：学校德育实效的根本》，

《内蒙古师范大学学报》（教育科学版）2005 年第 4 期。

114. 瞿淑芳：《教师职业倦怠的产生及其应对策略》，《教师职业发展》2011 年第 24 期。

115. 曲中林：《倦怠：教师职业生涯的一种常态》，《江苏教育研究》2008 年第 19 期。

116. 桑志坚：《作为一种规训策略的学校时间》，《湖南师范大学教育科学学报》2014 年第 5 期。

117. 盛冰：《社会资本与文化资本视野下的现代学校制度变革》，《教育研究》2006 年第 1 期。

118. 盛冰：《现代学校制度变革：正式制度与制度社会资本的有效配合》，《教育学报》2005 年第 2 期。

119. 施国春、李颖：《教师职业意义感的缺失和追寻》，《教学与管理》2014 年第 12 期。

120. 史根林：《学校制度文化的现时缺失与建设取向》，《中国教育学刊》2007 年第 11 期。

121. 史玲燕、孟晓虹：《现代性视野下当代人的精神危机》，《河北软件职业技术学院学报》2008 年第 1 期。

122. 宋寒：《校本课程开发：教师"弃权"到"执权"》，《当代教育科学》2006 年第 19 期。

123. 宋燕：《教师职业生涯发展的三重境界》，《教育科学论坛》2010 年第 1 期。

124. 苏力：《现代学校制度的基本特征探析》，《煤炭高等教育》2011 年第 1 期。

125. 苏尚锋：《论学校空间的构成及其生产》，《教育研究》2012 年第 2 期。

126. 孙玉洁：《觉醒与自主：教师专业发展的基点——基于生活情境的研究》，《中国教育学刊》2008 年第 8 期。

127. 孙玉霞、柴秀波：《生存与意义略论》，《南京政治学院学报》2006 年第 1 期。

128. 谈松华：《现代学校制度建设的若干理论与实践问题》，《人民教育》2005 年第 6 期。

129. 覃伟合：《经营视角下的学校制度建设》，《教育探索》2014 年第

5 期。

130. 檀传宝：《论教师的幸福》，《教育科学》2002 年第 5 期。

131. 陶菊良：《试论制度规训的德化策略——新时期高职院校德育路径探索》，《当代职业教育》2014 年第 12 期。

132. 田海洋：《论学校制度关系与道德教育》，《巢湖学院学报》2007 年第 5 期。

133. 田国秀：《学校规训教育与人的物化》，《当代教育科学》2007 年第 9 期。

134. 万莉、郑志明：《近十年来我国关于教师职业倦怠的研究综述》，《科教导刊（上旬刊）》2011 年第 3 期。

135. 王冰：《课堂中的规训权力运作》，《安庆师范学院学报》（社会科学版）2009 年第 3 期。

136. 王博、庞学光：《论教师职业的社会功能价值与教师专业化》，《职业技术教育》2010 年第 31 期。

137. 王丹丹：《现代学校制度：完善校长负责制的新思路》，《安阳师范学院学报》2007 年第 6 期。

138. 王广柱：《教师职业生涯的自我经营》，《教书育人·教师新概念》2008 年第 7 期。

139. 王家军：《学校管理制度的伦理价值》，《苏州大学学报》（哲学社会科学版）2009 年第 1 期。

140. 王晋：《论单位制度对学校教育性的影响》，《教育发展研究》2011 年第 5 期。

141. 王天晓：《试析教师共同体治理的制度建设模型——基于对学校制度创新的尝试》，《中国教育学刊》2013 年第 11 期。

142. 王廷惠：《非正式制度、社会资本与经济发展》，《开放时代》2002 年第 3 期。

143. 王卫东：《教师专业发展：尚待深入研究的若干问题》，《教育导刊》2007 年第 8 期。

144. 王曦：《学校制度在学校文化中的表现力探析》，《浙江教育科学》2011 年第 1 期。

145. 王晓莉、卢乃桂：《期望中的教师专业性：政策文本分析的视角》，《教育发展研究》2009 年第 2 期。

146. 王秀希、王欣：《河北省中学教师职业倦怠现状的调查研究》，《教育与教学研究》2009 年第 3 期。

147. 王秀霞、曲铁华：《教师职业虚实的反差与症结》，《吉林教育科学·高教研究》1996 年第 4 期。

148. 王学孟：《我对教师职业的认识》，《贵州师范大学学报》（社会科学版）1986 年第 3 期。

149. 王有升：《论现代学校的体制建构》，《教育学报》2005 年第 4 期。

150. 吴秋芬：《教师专业性向与教师专业发展》，《教育研究》2008 年第 5 期。

151. 吴素梅、史意娟：《广西中小学教师职业倦怠及其与生活质量相关因素的关系》，《广西师范大学学报》（哲学社会科学版）2012 年第 6 期。

152. 吴小贻：《完整地理解教师专业自主权》，《当代教育科学》2006 年第 13 期。

153. 吴裕根：《当代青年生存无意义感的理性反思》，《中国青年政治学院学报》2007 年第 3 期。

154. 向祖强、刘鸣、何伯锋：《中小学教师职业价值观与职业倦怠关系探析》，《教育研究与实验》2010 年第 2 期。

155. 肖辉：《论农村教师职业倦怠对课程实施之影响》，《当代教育理论与实践》2011 年第 1 期。

156. 谢妮：《学校日常生活中的身体》，《教育学报》2006 年第 6 期。

157. 熊和平：《知识、身体与学校教育：视角》，《教育学报》2014 年第 6 期。

158. 徐大真、朱程程：《基于 JDR 理论的天津市 9 所职业院校教师的职业倦怠研究》，《天津职业技术师范大学学报》2013 年第 3 期。

159. 徐洪波：《职业倦怠理论研究成果综述》，《石家庄法商职业学院教学与研究》（综合版）2009 年第 1 期。

160. 徐建平：《现代学校制度研究述评》，《上海教育科研》2005 年第 7 期。

161. 徐金海：《学校规训教育探析——基于福柯规训理论的视角》，《天津师范大学学报》（基础教育版）2010 年第 2 期。

162. 徐金海：《学校教育中的规训与惩罚——基于福柯规训权力理论的

视角》，《教育导刊》2010 年第 7 期。

163. 徐廷福：《论教师专业自主权的个体实现》，《教师教育研究》
2005 年第 11 期。

164. 许苏明：《论文化资本、身体规训与思想政治教育的内在关系》，
《思想理论教育（上半月）》2007 年第 9 期。

165. 薛晓阳：《学校制度情境中的学生道德生活》，华东师范大学，
2006 年。

166. 闫旭蕾、孙承毅：《试析语言：学校教育的"编织物"——一种语
言视角下的教育社会学研究》，《教育研究与实验》2009 年第
4 期。

167. 严春友：《主体性批判》，《社会科学辑刊》2000 年第 3 期。

168. 杨梅：《教师角色冲突对职业倦怠的影响及对策》，《长春教育学院
学报》2009 年第 4 期。

169. 杨瑞芬、刘旭东、闫祯：《由规训到生命的自觉——西北地区某小
学教师教学生活的叙事研究》，《天水师范学院学报》2011 年第
3 期。

170. 杨淑萍、郭文文：《学校教育中生命价值的异化与回归》，《教育理
论与实践》2015 年第 1 期。

171. 杨淑萍：《论道德教育实效性低下的内在原因》，《山西大学学报》
（哲学社会科学版）2004 年第 7 期。

172. 尧丹俐：《关注教师职业生涯的"倦怠阶段"》，《广西教育》2005
年第 12 期。

173. 叶飞：《德育课堂的困惑——在现实生活与可能生活之间》，《教育
导刊》2008 年第 9 期。

174. 叶丽娜：《现代学校制度建设研究综述》，《教学与管理》2006 年
第 33 期。

175. 阴山燕、孙红梅、赵慧：《小学教师职业倦怠与社会支持的关系研
究》，《医学与社会》2011 年第 2 期。

176. 尹弘飚、李子建、靳玉乐：《中小学教师对新课程改革认同感的个
案分析——来自重庆市北碚实验区两所学校的调查报告》，《比较
教育研究》2003 年第 10 期。

177. 尹弘飚：《权力/知识共同体的发展与规训社会的形成》，《福建师

范大学学报》（哲学社会科学版）2009 年第 3 期。

178. 于春燕：《我国学校场域权力关系运作及其后果分析——基于福柯微观权力理论的视角》，《理论与改革》2013 年第 1 期。

179. 于龙：《现代性语境下的学校隐喻》，《淮南师范学院学报》2007 年第 1 期。

180. 于忠海：《教育改革中行政化管理与教师专业自主博弈的反思》，《教育学报》2009 年第 1 期。

181. 于忠海：《制度化教育与学校德育机制研究——新旧制度主义分析的视角》，《现代大学教育》2010 年第 3 期。

182. 郁静：《教师职业压力的成因分析》，《牡丹江师范学院学报》（哲学社会科学版）2005 年第 3 期。

183. 袁贵勇：《中学教师工作压力、社会支持、应对方式与职业倦怠的关系》，《新乡学院学报》（社会科学版）2008 年第 6 期。

184. 袁金秀、吴鑫德、易婷：《角色领悟与中学教师职业倦怠》，《社会心理科学》2010 年第 2 期。

185. 袁锦芳：《小学女教师的压力、应对方式与职业倦怠的关系》，《中国健康心理学杂志》2009 年第 5 期。

186. 袁清梅：《关注个性和专业发展消除教师职业倦怠》，《中国校外教育》2010 年第 2 期。

187. 袁小平：《学校管理制度设计的伦理关怀》，《教育评论》2004 年第 4 期。

188. 张存江、肖金凤：《专业发展：职校教师走出职业倦怠的引擎》，《学校管理》2011 年第 4 期。

189. 张红霞：《人性·行为·理性——浅议学校制度设计的诸种假设》，《湖南师范大学教育科学学报》2009 年第 1 期。

190. 张辉：《教师职业倦怠的自我消解》，《安庆师范学院学报》（社会科学版）2013 年第 2 期。

191. 张家军、靳玉乐：《论教育制度及其对行为的规训》，《教育学报》2007 年第 3 期。

192. 张军凤、张武升：《基于师生本位的学校制度文化建设》，《中国教育学刊》2011 年第 5 期。

193. 张科茹、朱满贵：《主体性·人的尺度·物的尺度》，《合肥工业大学学报》（社会科学版）2006 年第 2 期。

194. 张立达：《主体性：在内在性和外在性的张力中》，《广西师范大学学报》（哲学社会科学版）2012 年第 1 期。

195. 张命华：《基于福柯规训理论视角的学校规训教育》，《内蒙古师范大学学报》（教育科学版）2014 年第 6 期。

196. 张娜、申继亮：《教师专业发展能动性的发展机制研究》，《第十二届全国心理学学术大会论文摘要集》，2009 年。

197. 张其学、姜海龙：《主体性的式微与文化霸权的解构》，《学术研究》2010 年第 3 期。

198. 张庆、潘发达、王柳生：《教师情感能力与职业倦怠的关系》，《社会心理科学》2011 年第 Z2 期。

199. 张希胜：《教师教学主观能动性的发挥与教育质量》，《教学研究》2006 年第 4 期。

200. 张相学：《主体性教师：教师教育的反思与变革》，《河南职业技术师范学院学报》（职业教育版）2003 年第 1 期。

201. 张湘洛：《论教师职业发展的历史形态》，《洛阳师范学院学报》2005 年第 4 期。

202. 张新平、李金杰：《现代学校制度的认识偏差与重新定位》，《教育研究与实验》2006 年第 2 期。

203. 张永芝：《价值秩序及人的意义感的缺失与追寻》，《东方论坛》2012 年第 1 期。

204. 张之沧：《福柯的微观权力分析》，《福建论坛》（人文社会科学版）2005 年第 5 期。

205. 张志峰：《学校制度管理冲突及其处理》，《江苏教育研究》2010 年第 25 期。

206. 张作岭、纪国和、孙德芳：《关于教师专业自主权的认识和思考》，《教育探索》2005 年第 7 期。

207. 章学云：《中小学教师高原现象的研究述评》，《教资培训研究》2005 年第 3 期。

208. 赵朝晖、孙忠福：《福柯规训思想与学校规训教育——以〈规训与惩罚：监狱的诞生〉为底本》，《齐鲁师范学院学报》2014 年第 6 期。

209. 赵光武：《后现代主义哲学概述》，《马克思主义研究》2000 年第 5 期。

210. 赵向利：《现阶段县级中小学教师职业意识透视》，《改革与开放》2009 年第 8 期。

211. 赵新忠、孙裕昌：《从管理层面寻找教师职业倦怠的对策——防治特殊教育学校教师职业倦怠的思考》，《南京特教学院学报》2009 年第 1 期。

212. 赵秀文：《"控制"还是"解放"——探问学校管理制度的根本价值诉求》，《当代教育科学》2011 年第 4 期。

213. 赵玉芳、毕重增：《中学教师职业倦怠状况及影响因素的研究》，《心理发展与教育》2003 年第 1 期。

214. 郑富兴：《20 世纪 90 年代以来英美"学校管理伦理"研究述评》，《外国中小学教育》2008 年第 8 期。

215. 郑金州：《中国教育理论研究的实际走向》，《华东师范大学学报》（教育科学版）2003 年第 1 期。

216. 郑晓芳、崔醅：《中小学教师职业压力、人格特征与职业倦怠的关系》，《医学与社会》2010 年第 3 期。

217. 钟海青：《论教育理论研究的困境与超越》，《华东师范大学学报》（教育科学版）2004 年第 9 期。

218. 仲丽娟：《主体性教师——教师教育的应然选择》，《辽宁师范大学学报》（社会科学版）2005 年第 5 期。

219. 周彬：《教师专业发展中的幸福元素》，《广东教育》（综合版）2007 年第 11 期。

220. 朱永新：《谁偷走了教师的幸福——漫谈教师的职业倦怠》，《天津教育》2007 年第 7 期。

四 其他

1.《南京市中小学教学常规管理手册》，http：//www.nj13z.cn/show.aspx？cid＝35&id＝135。

后　记

书稿写完了，竟然没有想象中的欣喜若狂，没有如释重负。突如其来的，竟然是弥漫开来的惆怅。是的，此书远没有达到预想的目标。理想和现实的距离，在我这里充分表现为眼高手低。

我最感激的人是敬爱的导师檀传宝教授。从 2000 年到现在的 17 年时间，檀老师给我的已经远远超出一个导师的指导。每当我松懈、偷懒的时候，总是能想象到檀老师紧皱的眉头。檀老师和他的贤内助徐老师对我而言，就是另一对父母。他们每一个担心的眼神都激励着我。

一直为自己的幸运而庆幸。我有支持我的父母、爱人，乖巧懂事的孩子，激励我的家人，对我喊着加油的朋友们！师门里的每一个可爱的男孩女孩，我就不一一感谢了！我的心情，你们懂的。

还需要感谢我在中国青年政治学院的领导和同事们，感谢你们的支持和帮助。

也需要感谢我的学生们，他们充分理解我的繁忙和健忘，我们在纯洁的师生关系中和谐愉快。

还需要感谢 Z 小学，靠何艳梅老师的牵线，我认识了可爱的十八位教师，感谢你们的分享。请原谅我出于自己研究目的而作的刻板分析。我明白，生活中实际有太多说不清道不明的事。

唯愿我能在学术生活中说清楚、道明白一些事。

王丽娟

2017 年 6 月 4 日